土木工程智慧检测系列教材
"1+X"职业技能等级证书配套教材
路桥工程无损检测(初级、中级)

Luji Lumian Shiyan yu Jiance
路基路面试验与检测

陈 凯 主 编
朱明栓 唐杰军 副主编

人民交通出版社股份有限公司
北京

内 容 提 要

本教材为土木工程智慧检测系列教材,"1+X"职业技能等级证书配套教材,由职业院校专业教师及行业专家共同编写。全书共6篇15章,内容包括:绪论;试验检测数据分析与处理、公路工程质量评定方法与检查项目;材料物理试验、材料力学性能试验;压实度检测技术、路基路面力学性能检测技术、路面性能检测技术;安全护栏工程检测、道路标志标线检测;信息化技术概述、试验检测数据信息化、远程监测系统;演示试验、操作试验。涵盖路基路面检测的内容、原理和方法,以及具体应用及实操指导等。

本教材配有丰富的数字资源、课件等资源,可作为职业院校公路工程检测技术等专业教材,也可作为土木工程科研人员、试验人员和有关技术人员的专业技术参考书。

图书在版编目(CIP)数据

路基路面试验与检测 / 陈凯主编. — 北京:人民交通出版社股份有限公司, 2022.6
ISBN 978-7-114-17871-9

Ⅰ.①路… Ⅱ.①陈… Ⅲ.①路基工程—检测—高等职业教育—教材②路面—道路工程—检测—高等职业教育—教材 Ⅳ.①U416

中国版本图书馆 CIP 数据核字(2022)第 036681 号

土木工程智慧检测系列教材
"1+X"职业技能等级证书配套教材

书　　名:	路基路面试验与检测
著 作 者:	陈　凯
责任编辑:	任雪莲
责任校对:	孙国靖　卢　弦
责任印制:	刘高彤
出版发行:	人民交通出版社股份有限公司
地　　址:	(100011)北京市朝阳区安定门外外馆斜街3号
网　　址:	http://www.ccpcl.com.cn
销售电话:	(010)59757973
总 经 销:	人民交通出版社股份有限公司发行部
经　　销:	各地新华书店
印　　刷:	北京建宏印刷有限公司
开　　本:	787×1092　1/16
印　　张:	11.75
字　　数:	287 千
版　　次:	2022 年 6 月　第 1 版
印　　次:	2024 年 7 月　第 2 次印刷
书　　号:	ISBN 978-7-114-17871-9
定　　价:	49.00 元

(有印刷、装订质量问题的图书由本公司负责调换)

前 言
Foreword

我国幅员辽阔,不同地区地形差异大,公路建设工程环境多样。随着交通工程建设的高速发展,我国公路工程检测技术也进入飞速发展时期,检测规模快速扩大,检测质量快速提升,其中检测机构和从业人员的数量也不断增长。随着建设规模和质量的不断提升,公路和铁路已成为我国基础设施建设实力的重要体现。然而,公路工程在新建及运行过程中,不可避免地会出现各种病害,为了确保公路工程的质量,保障人民的生命及财产安全,有必要对公路工程进行全面质量检测及监测。

本教材为土木工程智慧检测系列教材,"1+X"职业技能等级证书配套教材。本教材以适应职业院校复合型技术技能人才的培养体系,促进学生知识、技能、职业素养的协调发展为目标,以公路工程常规检测技术规程为基础,介绍了压实度检测技术、路基路面力学性能检测技术、路面性能检测技术等,并以理论与应用相结合的形式,介绍了公路工程质量评定方法和路基路面试验与检测的方法、理论、操作步骤、数据分析及结果评定等,着重对数据处理分析及应用案例进行阐述,并配备了演示试验及操作试验。且结合现代信息技术的发展,介绍了公路信息化管理相关知识,同时包含具体应用及试验指导等,有助于拓展读者的知识面,使读者对该领域知识有较为全面和透彻的理解。

本教材体系完整,各篇内容详尽且相对独立,各项检测及监测技术的实用性及操作性强,既有助于职业院校学生全面、系统地学习和了解前沿技术,又可满足路基路面检测行业技术人员的知识拓展及土木工程检测和监测的实际需求。

本教材由浙江交通职业技术学院陈凯担任主编,福建船政交通职业学院朱明栓、湖南交通职业技术学院唐杰军担任副主编,陕西铁路工程职业技术学院李刚、四川交通职业技术学院张立、四川升拓检测技术股份有限公司黄伯太参与了本教材的编写。全书由四川升拓检测技术股份有限公司陈小玉统稿。西南石油大学吴佳晔教授审阅了本教材,并提出大量的宝贵意见,在此谨表示诚挚的谢意。本教材在编写过程中,参阅了大量国内外著作和资料,在此感谢被引用文献的作者,以及为本教材提供了各种资料的专家学者及行业同仁。

由于编者水平有限,加之检测技术的飞速发展,本教材难免存在错误和不足,请读者批评指正。

编　者

2021 年 8 月

本书配套资源索引

本教材针对路基路面试验与检测常用的试验和方法等,配有视频资源,读者可通过扫描书中各相关知识点旁的二维码学习和观看。具体资源名称及位置见下表。

序 号	资源编号及名称	对应文中页码
1	4.1.5 土的含水率试验	31
2	4.3.2 水泥细度检验方法——筛析法	39
3	4.3.3 水泥凝结时间测定试验	40
4	5.1.1 土的击实试验	43
5	5.2.1 水泥混凝土抗压强度试验	50
6	6.2 灌砂法测定路基压实度试验	58
7	7.2.2 落球回弹模量测定仪操作	73
8	8.1.1 回弹法及超声回弹综合法检测混凝土强度	81
9	8.2.3 摆式仪测定路面摩擦系数试验方法	85
10	8.3.4 基于手机的混凝土缺陷检测与识别	91
11	9.2.1 钢制护栏立柱埋置深度检测	98

目 录
Contents

第1章 绪论 ·· 1
  1.1 公路工程试验检测的目的和意义 ·· 1
  1.2 公路工程试验检测规程和细则 ·· 2
  1.3 公路工程试验检测技术现状与发展趋势 ··· 4
  1.4 公路工程建设与养护现状和发展趋势 ·· 5
  习题 ·· 7
  本章参考文献 ·· 7

第1篇 基 础 篇

第2章 试验检测数据分析与处理 ··· 11
  2.1 试验检测的常用术语及定义 ·· 11
  2.2 数值的处理方法 ·· 13
  2.3 可疑数据的剔除 ·· 16
  2.4 数据统计及抽样技术基础 ··· 18
  习题 ·· 21
  本章参考文献 ·· 21

第3章 公路工程质量评定方法与检查项目 ·· 23
  3.1 公路工程质量检验评定方法 ·· 23
  3.2 路基工程检查 ··· 24
  3.3 路面工程检查 ··· 25
  习题 ·· 26
  本章参考文献 ·· 26

第2篇 材料试验篇

第4章 材料物理试验 ·· 29
  4.1 土的基本物理指标 ··· 29
  4.2 集料 ··· 34

4.3 水泥 ··· 39
习题 ··· 41
本章参考文献 ··· 42

第5章 材料力学性能试验 ··· 43
5.1 土的力学性能试验 ·· 43
5.2 混凝土的力学性能试验 ··· 50
习题 ··· 54
本章参考文献 ··· 54

第3篇 路基路面检测技术篇

第6章 压实度检测技术 ··· 57
6.1 概述 ··· 57
6.2 挖坑灌砂法检测技术 ·· 57
6.3 钻芯法检测技术 ··· 61
6.4 无核密度仪检测技术 ·· 64
6.5 压实沉降差检测技术 ·· 66
习题 ··· 68
本章参考文献 ··· 68

第7章 路基路面力学性能检测技术 ··· 70
7.1 概述 ··· 70
7.2 回弹模量测试 ··· 71
7.3 路面弯沉测试 ··· 74
习题 ··· 79
本章参考文献 ··· 79

第8章 路面性能检测技术 ··· 80
8.1 路面混凝土强度检测技术 ··· 80
8.2 路面抗滑性能检测技术 ··· 84
8.3 路面缺陷检测技术 ··· 87
习题 ··· 92
本章参考文献 ··· 92

第4篇 交通安全设施检测技术篇

第9章 安全护栏工程检测 ··· 97
9.1 概述 ··· 97
9.2 护栏及立柱检测 ··· 98
9.3 波形梁护栏板检测 ··· 105
习题 ··· 110

本章参考文献 ··· 111

第10章　道路标志标线检测 ··· 112
10.1　概述 ··· 112
10.2　标志检测技术 ··· 112
10.3　标线检测技术 ··· 115
习题 ·· 117
本章参考文献 ··· 117

第5篇　信息化管理篇

第11章　信息化技术概述 ··· 121
11.1　公路工程信息化技术的意义 ··· 121
11.2　信息化管理的概念 ··· 121
11.3　信息化管理在公路试验检测中的应用及作用 ·· 122
习题 ·· 122
本章参考文献 ··· 123

第12章　试验检测数据信息化 ··· 124
12.1　试验室信息化 ··· 124
12.2　检测数据的信息化 ··· 126
12.3　数据格式的标准化 ··· 127
12.4　数据管理系统 ··· 129
12.5　试验检测数据信息化应用案例 ··· 131
习题 ·· 134
本章参考文献 ··· 134

第13章　远程监测系统 ··· 136
13.1　概述 ··· 136
13.2　路基沉降监测 ··· 138
13.3　智能连续压实控制技术 ·· 141
习题 ·· 144
本章参考文献 ··· 145

第6篇　试　验　篇

第14章　演示试验 ··· 149
演示试验一　落球法检测土质回弹模量试验 ·· 149
演示试验二　路基沉降监测 ·· 150
演示试验三　智能连续压实控制技术 ··· 151
演示试验四　钢质护栏立柱埋深检测试验 ·· 153

第 15 章 操作试验 ·· 155
操作试验一 室内击实试验·· 155
操作试验二 路面裂缝检测及评定··· 158

附录 A 压实度评定 ··· 162
附录 B 水泥混凝土弯拉强度评定 ··· 164
附录 C 路面结构层厚度评定 ··· 166
附录 D 路基、粒料类基层和底基层、沥青路面弯沉值评定 ···························· 167
附录 E 路面横向力系数评定 ··· 169

习题参考答案 ··· 170

第1章 绪 论

本章主要概述公路工程试验检测相关内容。在学习过程中,需要掌握公路工程试验检测的目的和意义、公路工程试验检测规程和细则、公路工程试验检测技术现状、公路工程建设与养护现状,了解公路工程试验检测技术和公路工程建设与养护的发展趋势。

1.1 公路工程试验检测的目的和意义

公路工程试验检测工作是设计参数确定、施工质量控制、工程质量验收评定、养护管理决策的重要环节,涉及面广。通过试验检测,能够最大限度地"就地取材",降低施工成本,提高施工效率,保证施工质量,并能使新材料、新工艺、新技术在实际工程中快速推广应用。因此,公路工程试验检测工作对降低工程造价、加快工程进度、提高工程质量、推动公路工程施工技术进步具有重要作用。其融合了试验检测基本理论和测试操作技能及公路工程相关学科基础知识,是各种技术规范及规程修订的主要依据。

针对各技术等级的公路,相关管理部门及施工单位对质量检测、施工质量控制和验收工作都有不同的要求。但是由于种种原因,部分试验检测机构未能发挥应有的作用。实践证明:不重视施工检测和施工现场质量控制管理工作,是工程出现早期破坏的重要原因之一。因此,按规定配备试验检测设备、专职试验检测技术人员是切实提高工程施工质量所必需的。

同时,随着信息技术的飞速发展,路基路面试验检测、监测技术的数字化、智能化也得到了长足发展,通过新技术可以实现对工程质量和安全的动态把控。这有助于及早发现问题并采取处理措施,对于保证工程结构的安全性和可靠性具有重要意义。

1.2 公路工程试验检测规程和细则

试验检测是工程监督的重要环节之一,检测结果的准确性是影响检测机构工作质量的重要因素。为了确保检测结果真实、可靠,检测人员必须严格遵照试验检测规程进行检测,并全力消除检测中的人为误差,提高检测结果的准确度。

1.2.1 试验检测类别

检测机构必须掌握所检测项目内容的有关技术标准、操作规程、工作规范等技术文件的规定,它们是检测工作的依据。对于无标准规定的项目内容,检测机构也可以制定内部暂行操作规程或技术文件,并以此为依据,对原材料或工程质量进行检测。但要求检测机构出具正式文件并经受检单位同意后才能作出是否合格的结论,否则只能按项目认证。

根据试验检测方法不同,检测主要可分为以下几类:
(1)采用学术研究手段进行的试验检测。
(2)依据设计参数进行的试验检测。
(3)以工程质量控制检查或质量保证为目的进行的试验检测。
(4)竣工验收评定时进行的试验检测。
(5)为积累技术资料进行的养护管理或后评估试验检测。
(6)工程质量事故调查分析时进行的试验检测。

其中,(3)(4)(6)项是本书的重点内容。(3)(4)项具有检查验收、控制评定的作用。对于工程项目试验检测,需要明确材料试验与结构试验检测之间的内在联系,同时需要考虑试验检测的经济效益以及是否采用无损检测方法。

1.2.2 试验检测工作细则

由于工程现场情况具有复杂性和多样性,加上检测标准的规定比较笼统,同时为了规范检测机构检测人员的测试操作过程,应根据国家或行业最新标准和规范制定详细的试验检测工作细则。

1)工作细则的内容
(1)技术标准、规定要求、检测操作规程等。
(2)抽样方法及样本大小。
(3)检测项目、被测参数大小及允许变化范围。
(4)检测仪器设备的名称、型号、量程、准确度、分辨率。
(5)检测人员组成和检测系统框图。
(6)对检测仪器的校准检验和校准检验结果。
(7)对检测仪器和样品或试件的基本要求。
(8)对环境条件等的要求,以及从保证计量检测结果可靠度出发所允许的变化范围的规定。
(9)检测过程中发生异常现象的处理办法。

(10)检测过程中发生意外事故的处理办法。

(11)检测结果计算整理分析方法。

凡要求对整体工程项目或新产品进行质量判断的检测项目,均应进行抽样检测。凡报检的材料、产品,仅对来样的检测结果负责,不对产品整体质量作评价。

2)主要工作细则实施过程

(1)抽样。

抽样方式为随机抽样,由委托单位提供编号进行随机抽样,随后确定样本大小。原则上抽样人不得与产品有任何利益关系,样本应在生产单位或使用单位已经检测合格的基础上抽取。特殊情况下,也允许从生产场所已经检测合格的产品中抽取。

抽样前,不得事先通知被检产品单位,抽样结束后,应立即封存样品,并连同出厂检测合格证一并送往指定试验检测地点。

(2)样本大小的确定。

若检测标准中已经规定样本大小,则按规定执行;产品技术标准中未明确规定样本大小的,按试验检测规程或相应技术标准中的方法确定;也可按百分比抽样方法确定。百分比抽样的抽样基数不得小于样本数的 5 倍;在生产场所抽样时,当天产量不得小于均衡生产时的基本日均产量;在使用抽样时,抽样基数不得小于样本数的 2 倍。

(3)样本处理。

确定样本后,抽样人应以适当的方式将样本封存起来,由样本所在部门以适当的方式运往检测部门。运输方式的选择应以不损坏样本的外观及性能为原则。样品箱、样品桶、样品的包装也应满足上述要求。

(4)信息填写。

抽样结束后由抽样人填写样品登记表,登记表应包括以下内容:产品生产单位;产品名称、型号;样品中单件产品编号及封样的编号;抽样依据、样本大小、抽样基数;抽样地点;运输方式;抽样日期;抽样人姓名、封样人姓名等。

1.2.3 试验检测原始记录

试验检测原始记录是试验检测结果的如实记载,不允许随意更改和删减。原始记录应做成一定格式的记录表,其格式根据检测要求不同可有所不同。原始记录表主要应包括:产品名称、型号、规格;产品编号、生产单位;抽样地点;检测项目、检测编号、检测地点;温度、湿度;主要检测仪器名称、型号、编号;检测原始记录数据、数据处理结果;检测人、复核人;试验日期等。原始记录表中还应包括所要求记录的信息及其他必要信息,以便必要时能够判断检测工作在哪个环节可能出现差错。同时,由原始记录提供的信息,应能保证在一定准确度的范围内重复所做的检测工作。

工程试验检测原始记录应采用签字笔填写,内容应填写完整,应有试验检测人员和计算校核人员的签名。原始记录如果确需更改,则须按照要求进行修改。原始记录应集中保管,保管期一般不得少于两年。原始记录经过计算后的结果即检测结果必须有人校核,校核者必须在本行业领域有五年以上工作经验。校核者必须认真核对检测数据,校核量不得少于所检测项目的 5%。校核者必须在试验检测记录和报告中签字,以示负责。

1.2.4 试验检测结果的处理

1）试验检测数据整理

试验检测结果整理是试验检测工作的重要内容之一。由于试验检测中得到的数值都是近似值，因此，为了提高运算效率及获得准确的试验检测结果，应按误差理论的规定和数值的处理方法进行数据处理。另外，误差表达方式反映了对试验检测结果的认识，也利于用户正确理解试验检测结果。

数据处理中的注意事项：

（1）进行检测数据处理时，应按照相关要求对检测数据有效位数进行确定，并对检测数据异常值进行判定；区分可剔除异常值和不可剔除异常值；整理后的数据应填入原始记录表的相应位置。

（2）同一参数，检测数据个数小于或等于3时，用算术平均值法；检测数据个数大于3时，建议采用数理统计方法求算代表值。

（3）测试数据异常值的判断：对于每一单元内检测结果中的异常值，一般用格拉布斯法处理；各试验室检测平均值中的异常值用狄克逊检验法处理。

（4）对比检测是用三台与原检测仪器准确度相同的仪器对检测项目进行重复性试验。若检测结果与原检测数据相符，则证明此异常值是由产品性能波动造成的；否则，证明此异常值是由仪器造成的，可以剔除。

2）试验检测结果判断

在工程质量检验评定中，施工质量的不合格率是否在允许范围内是工程重点关心的问题。由于所抽子样的数据都是随机变量，存在一定波动性，看到数据有一些变化，或某检测数据值低于技术规定要求，就认为施工质量或产品有问题，这样判断是不严谨的，也是缺乏科学依据的，很容易给施工带来损失。

关于试验检测结果的整理和判断的有关内容在本书第1篇中会专门论述。

1.3 公路工程试验检测技术现状与发展趋势

1.3.1 公路工程试验检测技术现状

我国的公路工程试验检测技术正处于飞速发展时期，检测规模在快速扩大，检测质量在快速提升，试验检测行业市场巨大，检测机构和从业人员的数量也在不断增长。根据调研，截至2021年国内公路水运检测检验机构中，具有综合甲级资质的检测机构近200家，具有综合乙级资质的检测机构则突破了1000家，行业从业人员数量达数十万人。这些检测机构按属性大致可分为政府监管部门、建设单位、施工单位、独立第三方等。

然而，在检测行业的发展过程中，也出现了诸多不可忽视的问题：

（1）试验检测人员素质参差不齐。

（2）试验检测过程存在隐患。

(3) 试验检测设备残旧。
(4) 试验检测法律和行业规范完善度不高。

1.3.2 公路工程试验检测技术发展趋势

公路工程试验检测技术发展至今,经历了以下三个发展阶段:

第一阶段:基于行业专家的感官和专业经验的检测技术。

第二阶段:利用传感器技术和动态测试技术,以信号处理和建模处理为基础的现代检测技术,目前已经在工程中得到了广泛应用。

第三阶段:智能检测技术阶段。近年来,为了满足路桥工程中的大型复杂结构的检测要求,检测技术进入了以信息处理为核心,数据处理、信号处理与知识处理相融合的智能检测技术阶段。智能化正成为路桥试验检测的主流。

根据目前的发展状况,未来大型路桥试验检测的研究发展方向主要体现在以下几方面:

(1) 以无线通信技术为手段的数据采集系统,适用于交通荷载、风荷载及定点测试荷载,能更方便、快速、准确地采集需要的数据。

(2) 自动损伤识别系统,将测量系统、数据处理系统和识别系统集成于路桥检测系统中,具备自动识别检测和反馈功能,达到控制的目的。

(3) 实时的检测系统与现代网络技术结合,实现信息网络共享。

(4) 从设计到施工和运营阶段建立可靠、完整的数据库,积累大量土木工程领域的安全检测和试验检测的知识与经验,最终建立管理系统。

随着相关技术的不断发展,以及全社会对工程质量、安全要求的不断提高,先进的技术和工艺不断被应用于检测领域,产生了新的技术标准和检测方法,提升了检测能力,扩大了检测领域。其表现为由人工检测向自动化监测技术发展,由破损检测向无损检测技术发展,以及由现场检测向远程监测技术发展。

公路工程试验检测包括无损检测和破损检测。理论上,无损检测可以对结构进行全周期、全覆盖检测,随着对检测精度及检测效率要求的不断提高,无损检测的快速化必然是一个发展方向。此外,物联网(Internet of Things,IoT)技术、信号处理技术、人工智能等的不断深入发展和相互融合,加速了监测系统的实用化进程,对公路工程试验检测领域影响深远。

1.4 公路工程建设与养护现状和发展趋势

1.4.1 公路工程建设与养护现状

根据《2020年交通运输行业发展统计公报》,2020年年末,全国公路总里程519.81万公里,比2019年年末增加18.56万公里,全国公路里程技术等级构成参见图1-1。其中,二级及以上等级公路里程70.24万公里,占公路总里程的13.5%。

到2020年年末,全国公路养护里程已达到514.40万公里,占公路总里程的99.0%,其规模非常庞大且仍在不断增大。公路养护的水平、力度直接关系公路的服役状况、经济性和安全性。经过几十年的建设和运营,我国已形成了较完整的公路养护管理体系。

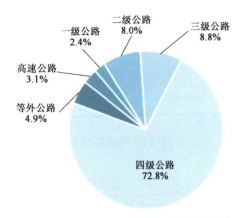

图1-1 2020年年末全国公路里程技术等级构成

(1)组织机构较健全。

目前,我国公路管理的组织形式呈多样化趋势。其中既有专业管理性机构,也有综合管理机构;既有单纯以管理为主的养护机构,也有自设施工队伍的养护机构。但无论何种形式,各地均设有专门机构来从事公路养护管理工作。

(2)具有高素质、经验丰富的养护管理人员。

我国公路养护管理人员拥有丰富的公路养护经验。随着公路里程的增长以及养护人员培训和交流的加强,目前我国公路养护人员素质大幅提高。

(3)机械配置较合理。

公路养护机械配置由于投资渠道不同,各地存在着差异,但大多配置合理。以贷款方式修建的公路大都在建设费用中考虑了养护期设备的购置计划。

(4)管理措施比较到位。

多年来,我国公路养护管理人员结合各地方养护实践,制订并创新了不少各具特色的养护管理措施,积累了丰富的经验,其在公路养护中发挥了很好的作用。

但需要指出的是,由于公路投资主体的多元化特点,养护资金投入不平衡、不到位的问题仍然存在,造成部分公路的养护水平较低,不仅影响了地方经济发展,而且留下诸多安全隐患。

1.4.2 公路工程建设与养护发展趋势

基于现有公路工程建设与养护的特点,其发展趋势主要有:

(1)路面检测自动化。随着路面检测自动化的发展,与之相适应的许多路面检测设备应运而生,如路面综合检测车、横向摩擦力系数检测车、弯沉仪、激光平整度仪等,通过这些检测设备可进行路面数据自动采集。

(2)预防性养护常态化。从目前国内公路养护情况看,基本上都是事后养护,即出现了病害才去处治,而真正实行预防性养护必须有个过程,并且取决于智能化数字处理的准确性。

(3)养护施工设备一体化。随着社会不断向前发展,人们对公路的使用要求不断提高,要求提供快速、安全、高效的道路运输条件,如继续采取传统的修补坑槽、裂缝等方法进行养护,耗时长、效果差,影响道路的安全畅通。因此,养护施工设备一体化是必然的发展趋势。如美国、德国、日本等国家生产了现场热再生养护列车,这些列车代表了当今世界养护施工机械化、一体化的发展方向,集加热、铣刨、摊铺等功能于一体,每个工作日可以对1~2km沥青路面进行再生养护,大大提高了养护效率,减少了占道时间。

(4)养护材料的节能环保化。沥青路面材料再生利用可以缓解资源压力,有利于保护环境和降低养护成本,受到了各国的普遍重视。

(5)路面结构材料的新型化。普通沥青路面设计寿命为15年,也就是说在15年内沥青路面需进行大修养护。一方面,大修养护过程需要花费大量的时间,会造成行车延误;另一方面,在资源日益紧张的情况下,15年进行一次大修养护经济上不尽合理。为此,部分国家大力研究开发路面新结构和新材料,以最大限度地延长沥青路面使用寿命。

(6)养护施工社会化。发达国家公路管理部门与养护施工单位基本分离,其社会化程度取决于养护管理水平、技术能力,我国公路养护管理也在往这一方向发展。

近年来,我国公路经济逐渐朝现代化管理模式方向发展,公路建设养护市场化符合我国目前经济发展大环境的运行特点。随着国家对公路建设与养护管理的投入明显加大,以及科技的发展和养护里程的增加,原有的养护模式正经历深刻的变革。

习题

1.1　进行公路工程试验检测的目的和意义是什么?
1.2　依据试验检测方法的不同,检测主要可分为哪几类?
1.3　试验检测实施细则的内容是什么?
1.4　试验检测数据处理应该注意哪些事项?
1.5　根据目前的发展状况,未来大型路桥试验检测的研究发展方向主要体现在哪几个方面?
1.6　公路工程建设与养护的发展趋势是什么?

本章参考文献

[1] 黄晓明.路基路面工程[M].6版.北京:人民交通出版社股份有限公司,2019.
[2] 仲华.公路桥梁检测技术的探究[J].黑龙江交通科技,2012,35(4):55-56.

第1篇

基础篇

第2章 试验检测数据分析与处理

通过本章的学习，了解试验检测的常用术语及定义，熟悉数值处理方法，掌握试验检测中异常数据处理方法的原理及应用，了解数据统计及抽样的基本概念。

试验检测报告是建立在各种试验检测数据基础之上的，现场或室内采集的大量数据需要经过分析处理。因为测试过程中不可避免会出现数据错误、误差等，故需要对数据进行相应处理，如错误数据的剔除、数据的运算、数据的抽样统计等，尽可能地降低测试数据的偏差，并经过整理得到可靠的试验检测结果。

2.1 试验检测的常用术语及定义

1）测量
测量是通过试验获得并可合理赋予某量一个或多个量值的过程。
2）计量
计量是实现单位统一并使量值准确、可靠的活动。
3）比对
比对是在规定的条件下，对相同准确度等级或指定不确定度范围的同种测量仪器复现的量值之间比较的过程。
4）校准
校准是在规定条件下的一组操作，其第一步是确定由测量标准提供的量值与相应示值之间的关系,第二步是用此信息确定由示值获得测量结果的关系。这里测量标准提供的量值与相应示值都具有测量不确定度。

5)测量结果

测量结果是与其他有用的相关信息一起赋予被测量的一组量值。需要注意的是:

(1)测量结果通常包含这组量值的"相关信息",诸如某些可以比其他方式更能代表被测量的信息。它可以用概率密度函数的方式表示。

(2)测量结果通常表示为某个测量的量值和一个测量不确定度。对某些用途,如果认为测量不确定度可忽略不计,则测量结果可表示为某个测量的量值。在许多领域中这是测量结果的常用表示方式。

6)测量误差

测量误差简称误差,是测得的量值减去参考量值得到的结果。

7)系统测量误差

在重复测量中保持不变或按可预见方式变化的测量误差的分量,即系统测量误差,简称系统误差。需要注意的是:

(1)系统测量误差的参考值是真值,或是测量不确定度可忽略不计的测量标准的测得值,或是约定量值。

(2)系统测量误差及其来源可以是已知的,也可以是未知的。对于已知的系统测量误差,可采用修正补偿。

(3)系统测量误差等于测量误差减去随机测量误差。

8)随机测量误差

随机测量误差简称随机误差,在重复测量中为按不可预见方式变化的测量误差的分量。需要注意的是:

(1)随机测量误差的参考量值是对同一被测量由无穷多次重复测量得到的平均值。

(2)一组重复测量的随机测量误差形成一种分布,该分布可用期望和方差描述,其期望通常可假设为零。

(3)随机误差等于测量误差减去系统测量误差。

9)修正

修正是对估计的系统误差的补偿。需要注意的是:

(1)补偿可取不同的形式,诸如加一个修正值或乘一个修正因子,或者从修正值表或修正曲线上得到。

(2)修正值是用代数方法与未修正测量结果相加,以补偿其系统误差的值。修正值等于负的系统误差估计值。

(3)修正因子是为补偿系统误差而与未修正测量结果相乘的数字因子。

(4)由于无法准确知道系统误差,因此这种补偿并不完全。

10)测量准确度

测量准确度简称准确度,指被测量的测得值与其真值间的一致程度。

11)测量正确度

测量正确度是指无穷多次重复测量所得量值的平均值与一个参考量值间的一致程度。需要注意的是：

(1)测量正确度不是一个量,不能用数值表示。

(2)测量正确度与测量系统误差有关,与随机测量误差无关。

(3)测量正确度不能用测量准确度表示;反之亦然。

12)测量精密度

测量精密度简称精密度,是在规定条件下,对同一或类似被测对象重复测量所得示值或测得值间的一致程度。需要注意的是：

(1)测量精密度通常用不精密程度以数字形式表示,如在规定测量条件下的标准偏差、方差或变差系数。

(2)规定条件可以是重复性测量条件、期间精密度测量条件或复现性测量条件。

(3)测量精密度用于定义测量重复性、期间测量精密度或测量复现性。

13)测量设备

测量设备包括为实现测量过程所必需的测量仪器、软件、测量标准、标准物质、辅助设备或其组合。

14)测量系统

测量系统是一套组装的并适用于特定量在规定区间内,给出测试值信息的一台或多台测量仪器,通常还包括其他装置,诸如试剂和电源。

15)测量标准

测量标准是指具有确定的量值和相关联的测量不确定度,实现给定量定义的参照对象。

16)示值误差

测量仪器示值与对应输入量的参考量值之差为示值误差。

17)量值传递

量值传递是指通过对测量仪器的校准或检定,将国家测量标准所实现的单位量值通过各等级的测量标准传递到工作测量仪器的活动,以保证测量所得的量值准确一致。

2.2 数值的处理方法

2.2.1 有效数字

在进行试验检测过程的数据表征时,由可靠数字和末位不确定数字组合而得到的有实际意义的数值,称为有效数字。

在试验检测过程中,测试结果不可避免地会出现误差,所表示的测试结果是有限的,因此需要根据测试项目采用合适的数据位数。例如,采用游标卡尺测量芯样的高度为9.78mm,其中末位8为估读位,前两位数字为准确数字,该数值的有效数字位数为三位。

数字"0"在测试数据中所处的位置不同,则可能为有效数字,也可能为无效数字。当"0"处于以下情况时,是有效数字,其他情况则为多余数字：

(1)处于数值中间时。

(2)处于数值后面时,将多余数字的"0"用10的乘幂表示并与有效数字分开,在10的乘幂前所有数字均为有效数字,如:3.109×10⁵(3.109 乘 10⁵)中,3、1、0、9 均为有效数字,后面的 10 的 5 次方不是有效数字。

(3)作为量测结果并注明误差值的数值,其表示的数值大于或等于误差值的所有数字,包括"0"皆为有效数字。如:在分析天平上,测得称量瓶的质量为 10.4320g,这个记录说明有 6 位有效数字,最后一位是可疑的。因为分析天平只能称到 0.0002g,即称量瓶的实际质量应为 10.4320±0.0002g。

2.2.2 数值修约

数值修约是指省略原数值的最后若干位数字,调整所保留的末位数字,使最后得到的值最接近原数值的过程。经数值修约后的数值称为(原数值的)修约值。修约间隔是指修约值的最小数值单位。修约间隔的数值一经确定,修约值即为该数值的整数倍。

1)数值修约规则

为了便于对试验结果进行判定,需要对数据进行修约处理。数值修约规则如下:

(1)拟舍弃数值的最左一位数字小于 5,则舍去,保留其余各位数字不变。

例如:将 15.4353 修约到一位小数,得 15.4。

(2)拟舍弃数值的最左一位数字大于 5,则进 1,即保留数字的末位数字加 1。

例如:将 23.32691 修约到两位小数,得 23.33。

(3)拟舍弃数值的最左一位数字是 5,且其后有非 0 数字时进 1,即保留数字的末位数字加 1。

例如:将 12.5562 修约到一位小数,得 12.6。

(4)拟舍弃数值的最左一位数字为 5,且其后无数字或皆为 0 时,若所保留的末位数字为奇数(1,3,5,7,9),则进 1,即保留数字的末位数字加 1;若所保留的末位数字为偶数(0,2,4,6,8),则舍弃。

例如:将 21.15 修约到小数点后一位,得 21.2。

将 31.05 修约到小数点后一位,得 31.0。

(5)负数修约时,先将它的绝对值按修约规则(1)~(4)的规定进行修约,然后在所得值前面加上负号。

例如:将数值 -318 修约到"十"数位,得 -32×10(特定时可写为 -320)。

(6)0.2 单位修约时,将拟修约数值乘 5,按指定修约规则(1)~(5)进行修约,所得数值再除以 5。

例如:将表 2-1 中的数值按 20 的修约间隔进行修约(或"百"位数的 0.2 单位)。

按 20 的修约间隔修约示例　　　　　　　　　　　　　　　　　表 2-1

拟修约数值 A	乘 5 (5A)	5A 修约数 (修约间隔为 100)	A 修约数 (修约间隔为 20)
430	2150	2200	440
442	2210	2200	440
-516	-2580	-2600	-520

(7)0.5 单位修约时,将拟修约数值乘 2,按指定修约规则(1)~(5)进行修约,所得数值再除以 2。

例如:将表 2-2 中的数值按 5 的修约间隔进行修约(或"十"位数的 0.5 单位)。

按 5 的修约间隔修约示例 表 2-2

拟修约数值 A	乘 2 ($2A$)	$2A$ 修约数 (修约间隔为 10)	A 修约数 (修约间隔为 5)
10.25	20.5	20	10.0
20.38	40.76	41	20.5
−15.75	−31.5	−32	−16.0

2) 与"四舍五入"法的区别

"四舍五入"法的原则是逢五就进,导致修约后的数值的平均值偏大,而上述修约法则采用了"偶数法则",即舍去部分的数值与保留末位 0.5 单位的数值相同,按照修约规则(4),则修约值的末位凑成偶数,进舍的概率具有平衡性,若干试验数据经过修约后,修约值变大和变小的可能性相同。因此上述修约规则更科学。

3) 数值修约注意事项

(1)在进行数值修约时,应在确定修约间隔及修约位数后一次完成,不应按照修约规则连续修约。

例:修约 14.58624,修约间隔为 1。

正确的做法:13.4862→13;

不正确的做法:13.4862→13.486→13.49→13.5→14。

(2)在具体实施中,有时测试与计算部门会先将获得数值按指定的修约数位多一位或几位报出,而后由其他部门判定。为避免产生连续修约的错误,应按下述步骤进行。

①报出数值最右的非零数字为 5 时,应在数值右上角加"+"或"−",或不加任何符号,分别表明已进行过舍或进,或未舍未进。

例如:14.50⁻ 表示实际值小于 14.50,经过修约为 14.50;14.50⁺ 表示实际值大于 14.50。

②如对报出值需进行修约,当拟舍弃数值的最左一位数字为 5,且其后无数字或皆为 0 时,数值右上角有"+"者进一,有"−"者舍弃,其他仍按修约规则进行。

例如:将表 2-3 中的数值修约到个位(报出值保留到小数点后 1 位)。

按个位修约示例 表 2-3

实 际 值	报 出 值	修 约 数
14.4537	15.5⁻	15
13.5203	15.5⁺	16
12.500	12.5	12
−11.4546	−11.5⁻	−11

2.3 可疑数据的剔除

在试验检测中,在检测条件相同的情况下,多次测试的数据可能会出现上下波动的情况。过大或过小的测试数据都是不正常的,或是可疑数据。对测试数据中异常的结果应在数理统计基础上进行辨别,并进行取舍处理,这样才能得到可靠度高的测试结果。对异常数据的处理方法主要包括肖维纳特法、拉依达法、格拉布斯法、狄克逊检验法、肖维勒检验法、罗曼诺夫斯基检验法、T检验法、F检验法等,下文就常用的肖维纳特法、拉依达法、格拉布斯法的原理及应用进行介绍。

2.3.1 肖维纳特法

某试验项目,进行 n 次测试,其测试结果符合正态分布,以概率 $n/2$ 设定判别范围,当某次测量值与其算术平均值的差超过范围时,则该次测试结果存疑,应舍去。

肖维纳特法判定测试数据为异常的标准:当某次测试数据与测试结果算术平均值差值的绝对值与测试结果的标准偏差之比大于或等于肖维纳特系数时,则该数据为可疑数据,应舍弃。具体参考式(2-1):

$$\frac{|x_i - \bar{x}|}{S} \geq k_n \tag{2-1}$$

式中:x_i——某次测试数据;
$\bar{x}$——测试结果的算术平均值;
S——测试结果的标准偏差;
k_n——肖维纳特系数,可通过正态分布系数表查得,具体参考表2-4。

肖维纳特系数   表2-4

n	k_n	n	k_n	n	k_n	n	k_n	n	k_n	n	k_n
3	1.38	8	1.86	13	2.07	18	2.20	23	2.30	50	2.58
4	1.53	9	1.92	14	2.10	19	2.22	24	2.31	75	2.71
5	1.65	10	1.96	15	2.13	20	2.24	25	2.33	100	2.81
6	1.73	11	2.00	16	2.15	21	2.26	30	2.39	200	3.02
7	1.80	12	2.03	17	2.17	22	2.28	40	2.49	500	3.20

2.3.2 拉依达法

拉依达法又称3倍标准偏差法,简称$3S$法。当某次测试数据与测试结果的算术平均值之差大于3倍标准偏差时,则该次测试数据应舍弃,参考式(2-2):

$$|x_i - \bar{x}| > 3S \tag{2-2}$$

当测试次数 $n < 10$ 时,粗大误差出现的可能性很小,因此该方法不宜用于测试次数小于

10 次的情况。根据大量的测试统计,测试结果位于$(\bar{x}-3S) \sim (\bar{x}+3S)$范围内的概率为 99.73%,出现在该范围以外的可能性为 0.27%。因此该方法是判别粗大误差最简单的方法。

在对测试数据进行判别计算时,首先计算测试数据的平均值及标准偏差,判定测试结果是否存在超过 3 倍标准偏差的测试数据,再计算舍弃超过 3 倍标准偏差的测试数据后测试结果的标准偏差,并利用该方法进行判定。

2.3.3 格拉布斯法

采用格拉布斯法对测试数据进行处理,应满足测试样本为随机样本并符合正态分布,按以下步骤进行:

(1)将测试数据 $y_j(j=1,2,3,\cdots,n)$ 按从小到大的顺序排列,设为 $y_1 \leq y_2 \leq y_3 \leq \cdots \leq y_n$,$n$ 为数据数目。

(2)算出标准化统计量 g:

$$g = \frac{|y_n - \overline{y_j}|}{S} \tag{2-3}$$

式中:$\overline{y_j}$——测试结果的算术平均值;
S——测试结果的标准偏差。

(3)从两端的数据开始比较。以对第 n 个数据 y_n 是否为异常数值进行判断为例:在表 2-5 中查找临界值 $g_0(b,n)$,b 一般可取 0.05。

格拉布斯系数 $g_0(b,n)$　　　　表 2-5

n	b		n	b		n	b	
	0.01	0.05		0.01	0.05		0.01	0.05
3	1.15	1.15	13	2.61	2.33	23	2.96	2.62
4	1.49	1.46	14	2.66	2.37	24	2.99	2.64
5	1.75	1.67	15	2.70	2.41	25	3.01	2.66
6	1.94	1.82	16	2.74	2.44	30	3.10	2.74
7	2.10	1.94	17	2.78	2.47	35	3.18	2.81
8	2.22	2.03	18	2.82	2.50	40	3.24	2.87
9	2.32	2.11	19	2.85	2.53	50	3.34	2.96
10	2.41	2.18	20	2.88	2.56	100	3.59	3.17
11	2.48	2.24	21	2.91	2.58			
12	2.55	2.29	22	2.94	2.60			

如 $g \geq g_0(b,n)$,则该测试数据 y_n 为异常值,应舍弃。

利用该方法对可疑数据进行处理时,单次只能舍弃一个可疑值。若出现多个可疑值,应从两端开始,舍弃首个可疑值后,再进行异常值的判定。

2.3.4 案例

利用护栏立柱埋深检测仪对某根立柱相同测线位置进行立柱总长测试,其测试结果分别为($n=12$)2100mm、2150mm、2123mm、2254mm、2150mm、2112mm、2115mm、2120mm、2130mm、2135mm、2140mm、2145mm。分别采用肖维纳特法、拉依达法、格拉布斯法鉴别数据并确定对异常数据的取舍。

【解】分析上述12个测试数据，并从小到大排列：2100mm、2112mm、2115mm、2120mm、2123mm、2130mm、2135mm、2140mm、2145mm、2150mm、2150mm、2254mm。

$x_{min}=2100$mm，$x_{max}=2254$mm。经计算，$\bar{x}=2140$mm，$S=39$mm。

(1)采用肖维纳特法。

查表2-4，当$n=12$时，$k_{12}=2.03$，对于最大测量值2254mm，则

$$\frac{|x_i-\bar{x}|}{S}=\frac{|2254-2140|}{39}=2.92>k_{12}=2.03$$

说明测量数据2254mm为异常值，应舍弃。通过对剩余数据重新计算平均值及标准偏差，可知剩余的11个数据均为可靠数据。

(2)采用拉依达法。

$$|x_{max}-\bar{x}|=|2254\text{mm}-2140\text{mm}|=114\text{mm}<3S=117\text{mm}$$

$$|x_{min}-\bar{x}|=|2100\text{mm}-2140\text{mm}|=40\text{mm}<3S=117\text{mm}$$

根据判定规则，上述测试数据均为可靠数据。

(3)采用格拉布斯法。

计算统计量：

$$g(1)=\frac{\bar{x}-x_1}{S}=\frac{2140-2100}{39}=1.03$$

$$g(12)=\frac{x_{12}-\bar{x}}{S}=\frac{2254-2140}{39}=2.92$$

因为$g(12)>g(1)$，首先判别$g(12)$。确定显著性水平$b=0.05$和$n=12$并查表2-5，确定$g(0.05,12)=2.29$。根据格拉布斯法的判断规则，$g(12)=2.92>g(0.05,12)=2.29$，因此测试值$x_{12}=2254$mm为异常值。删除$x_{12}$后再对剩余的11个数据进行平均值、标准偏差和$g$的计算，并查表进行判断，经过判定，剩余11个数据无异常值。

对同一组试验结果分别采用不同的可疑数据的判断方法，判断结果有明显差异(如该组数据的最大值2254mm)；采用拉依达法判定时，该组数据无异常值；采用其余两种方法进行判定时，最大值则为异常值。因此，拉依达法常用于粗大误差数据的判定，肖维纳特法和格拉布斯法常用于异常值的判定。

2.4 数据统计及抽样技术基础

2.4.1 统计及抽样基本概念

1)总体、样本与样本空间

总体，指被抽样对象的全部。

样本，指抽样对象中的一个或多个单元的合成。

样本空间,指所有可能结果组成的集合。

2)事件

事件是指对某个对象进行试验或观测的一种结果。如:采用检测设备进行公路护栏立柱总长的测试,结果为2130mm、2150mm、2156mm、…,我们称可能出现的测试结果为事件。

3)随机事件

随机事件是指在多次重复试验中具有某种规律,客观世界可能出现也可能不出现的某种随机现象的结果。

4)频数

频数是指在给定类(组)中,特定事件发生的次数或观测值的个数。

5)概率

频率即各组频数与总体单位总和之比。在 n 次试验中,事件 A 出现 n_A 次,则称值 n_A/n 为事件 A 在这次试验中出现的频率,记为 $f_n(A) = n_A/n$。相关研究表明,当试验次数逐渐增大时,频率 $f_n(A)$ 在某一定值 P 附近摆动。摆动中心 P 值的大小就是衡量事件 A 出现可能性大小的量,因此把频率的摆动中心 P 作为事件 A 的概率 $P(A)$ 的值。

6)随机变量

在一定条件下,可赋予某一定值或某范围取值的变量,称为随机变量。例如,某一时间内公共汽车站等车乘客人数、灯泡的寿命等,都是随机变量。按照随机变量所取数值的情况可以将其分为连续型随机变量和离散型随机变量。

(1)连续型随机变量。

若随机变量在坐标轴上某一区间内取任意数值,即取值布满区间或整个实数轴,则称该变量为连续型随机变量。打靶命中点的可能值是充满整个靶面的,属于连续型随机变量。

(2)离散型随机变量。

若随机变量 Y 的取值可离散地排列为 Y_1、Y_2、…,而且 Y 以各种确定的概率取这些不同的值,即只取有限实数值,则称变量 Y 为离散型随机变量。

7)抽样方案

抽样方案是指为实施抽样而制定的一组策划,包括抽样数量和样本判断准则等。

8)批

批是指按照抽样的目的,在基本相同条件下组成总体的一个确定部分。抽样目的可以是判定批的可接受性,也可以是估计某特定特性的均值。

2.4.2 随机变量的分布函数及其统计特征量

1)分布函数

例如,对混凝土结构进行强度测试的结果是随机变量,记作 X,它的真值位于某一个区间(并非某一个固定值)。此时,该随机变量 X 位于该区间的概率记作 $P(a \leq X \leq b)$。

根据概率加法定理,有

$$P(a \leq X \leq b) = P(X \leq b) - P(X < a) \tag{2-4}$$

根据公式,要计算出事件 $a \leq X \leq b$ 的概率,仅需求出事件 $X \leq b$ 及 $X < a$ 的概率即可。对于实数 x,事件 $X \leq x$ 的概率是一个关于 x 的函数,可表示为 $f(x) = P(X \leq x)$,这里 $f(x)$ 为随机变量 X 的分布函数。可以采用 $f(x)$ 描述随机变量 X 的统计特性。

2)随机变量的统计特征量

采用分布函数能够全面描述某个随机变量,但在实际的试验检测过程中,不需要全面考察随机变量的变化情况,只需要明确随机变量的某些特征。例如,在评定某混凝土结构的混凝土强度时,主要明确该混凝土结构强度与平均强度的偏离程度,偏离程度越小,强度就越准确。因此用一些数字来描述随机变量的主要特征,这些特征量主要包括数学期望、方差、矩、协方差等。在概率论和数理统计中就称它们为随机变量的数值特征。

2.4.3 正态分布

试验检测过程中的数据,按其性质可以分为计量值和计数值。可以连续取值的数据称为计量值,如强度、长度等。计数值是只能用个数统计的数据,不能连续取值,如长度不合格率、不合格品率等,其中不合格品率 1%、1.1%、1.2%、…,表面看是计量值,而实际是以数量为基础的计数值。因此判定一个数据是计量值还是计数值,取决于分子的数据性质。

正态分布是计量值和计数值最普遍的概率分布,其特点如下:

(1)分布曲线对称于随机变量总体平均值。
(2)分布曲线与横坐标轴所围成的面积等于1。
(3)分布曲线在随机变量小于变量平均值时上升,在随机变量与变量平均值相等时达到最大值。分布曲线的值取决于标准差,标准差越大,曲线越平缓,观测值落在总体平均值附近的概率越小,测试的精度也就越低,观察值也越分散,反之则越高。如图 2-1 所示。

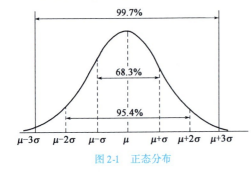

图 2-1 正态分布

2.4.4 抽样检验类型

检验是指通过测量、试验等质量检测方法,将工程产品与其质量要求相比较并做出质量评判的过程。工程质量检验是工程质量控制的重要环节,是保证工程质量的必要手段。

检验可分为全数检验和抽样检验两大类。全数检验是对一批产品中的每一个产品进行检验,从而判断该批产品质量状况;抽样检验是从一批产品中抽出少量的单个产品进行检验,从而推断该批产品质量状况。与抽样检验相比,全数检验可靠性好,但检验工作量非常大,很难实现;抽样检验方法则是以数理统计学为理论依据,具有很强的科学性和经济性,用于工程中的大部分检测。

质量检验的有效性取决于检验的可靠性,而检验的可靠性与抽样和抽选方法有密切的关系。

抽样的方法有多种,公路工程质量检验常用的抽样方法有简单随机抽样、散料抽样等。

1)简单随机抽样

简单随机抽样也称纯随机抽样。对于大小为 N 的总体,抽样样本量为 n 的样本,若全部可能的样本被抽中的概率都相等,则称这样的抽样为简单随机抽样。具体抽样时,根据抽样单位是否放回可分为重复抽样和不重复抽样。其中,不重复抽样更为常用,每次从总体中随机抽取一个样本单位,经调查观测后,再在剩下的总体单位中随机抽取下一个样本单位进行调查观测,依次重复这样的步骤,直到从总体中随机抽取 n 个样本单位为止。其特点是任何一个总体单位不可能在同一样本中重复出现,并且样本构造的估计量的概率分布相同。

简单随机抽样通常有抽签法和随机数法两种方法。

(1) 抽签法。当总体不大时,先将总体中每个单位都编上号,写在签上。将签充分混合均匀后,每次抽一个签,签上的号码表示样本中的一个单位。

(2) 随机数法。当总体较大时,抽签法实施起来比较困难,这时可以利用随机数表、随机数色子等进行抽样。

例如:某单位年会在员工中随机抽取 2 个一等奖,员工总数为 100 人,并将员工工号作为其唯一编号(假如工号是从 1 依次编号),通过随机抽签方式确定。该抽样确定的方式为随机抽样。

2) 散料抽样

散料抽样是指对散料的抽样。其中,散料是指连续松散的不易区分个体或抽样单元的材料(如骨料、水泥、土石等),可呈自然状态,可以是分散的散料或分装的散料。散料抽样方法有分层抽样、系统抽样(含周期系统抽样)、多级抽样等。

习题

2.1 什么是抽样检验?随机抽样方法有哪几种?

2.2 常用可疑数据的剔除方法有哪几种?各有什么特点?

2.3 弯沉检测时,某测点的百分表读数为 65.5(0.01mm),终读数为 29.0(0.01mm),则读数的有效数字有几个?该测点弯沉值有几个有效数字?

2.4 某路段二灰碎石基层无侧限抗压强度(单位为 MPa)试验结果为:0.792、0.306、0.968、0.804、0.447、0.894、0.702、0.424、0.498、1.075、0.815,请用格拉布斯法对上述数据进行取舍判断。

本章参考文献

[1] 黄晓明. 路基路面工程[M]. 6 版. 北京:人民交通出版社股份有限公司,2019.

[2] 李何,何飞. 公路路基路面检测与评定[M]. 北京:北京理工大学出版社,2020.

[3] 解先荣. 公共基础[M]. 北京:人民交通出版社股份有限公司,2018.

[4] 中华人民共和国交通运输部. 公路工程技术标准:JTG B01—2014[S]. 北京:人民交通出版社股份有限公司,2014.

[5] 中华人民共和国国家质量监督检验检疫总局,中国国家标准化管理委员会. 数据的统计

处理和解释 正态样本离群值的判断和处理:GB/T 4883—2008[S].北京:中国标准出版社,2008.

[6] 中华人民共和国交通运输部.公路路基路面现场测试规程:JTG 3450—2019[S].北京:人民交通出版社股份有限公司,2020.

第3章 公路工程质量评定方法与检查项目

 学习指南

通过本章的学习,了解公路工程质量的评定方法和路基工程、路面工程对应的实测项目及评定标准。

在开始试验检测工作前,要明确试验检测的目的和项目,选择对应的仪器和检测、评定的依据,同时制订合理的试验检测方案。

3.1 公路工程质量检验评定方法

3.1.1 概述

工程在施工完成后,应按照《公路工程质量检验评定标准 第一册 土建工程》(JTG F80/1—2017)(以下简称《评定标准》)的要求对实体工程的相关参数进行评定,评定合格后才能交付使用。《评定标准》作为公路工程质量检验评定的依据,明确了公路工程按照分项工程、分部工程、单位工程逐级评定的方法,同时也对相应的评定参数有明确的要求。实体工程的检验评定是工程质量的重要保障,也是在施工过程中控制工程质量的必要程序。

3.1.2 评定标准

各等级公路新建与改扩建工程,施工质量的检验评定均应满足《评定标准》的要求,公路工程施工质量的检验评定应以该标准为准。

对于特殊地区或采用新材料、新结构、新技术的工程,当《评定标准》中缺乏适宜的质量检验评定标准时,可参照相关技术标准或根据实际情况制定相应的质量检验标准,并上报主管部门批准。

公路工程质量检验评定除应符合上述标准的规定外,还应符合国家和行业现行有关标准的规定。

3.1.3 评定方法

(1)公路工程质量检验评定应按分项工程、分部工程、单位工程逐级进行。
①在合同段中,具有独立施工条件和结构功能的工程为单位工程。
②在单位工程中,按路段长度、结构部位或施工特点等划分的工程为分部工程。
③在分部工程中,根据施工工序、工艺或材料等划分的工程为分项工程。
(2)公路工程质量检验评定应符合下列规定:
①分项工程完工后,应根据《评定标准》对工程质量进行评定,隐蔽工程在隐蔽前应检查合格。
②分部工程、单位工程完工后,应汇总评定所属分项工程、分部工程质量的资料,检查外观质量,对工程质量进行评定。

3.1.4 工程质量检验

(1)分项工程应按基本要求、实测项目、外观质量和质量保证资料等检验项目分别检查。
(2)分项工程质量应在所使用的原材料、半成品、成品及施工控制要点等符合基本要求规定,无外观质量显著缺陷且质量保证资料真实齐全时,方可进行检验评定。

工程质量检验应符合下列规定:
①分项工程应对所列基本要求逐项检查,经检查不符合规定时,不得进行工程质量的检验评定。
②分项工程所用的各种原材料的品种、规格、质量和混合料的配合比以及半成品、成品应符合相关技术标准的规定并满足设计要求。

3.1.5 工程质量评定

工程质量评定应符合下列规定:
(1)工程质量等级应分为合格和不合格。
(2)评定为不合格的分项工程、分部工程,经返工、加固、补强或调测,满足设计要求后,可重新进行检验评定。
(3)所含单位工程合格,则该合同段评定为合格;所含合同段合格,则该建设项目评定为合格。

3.2 路基工程检查

3.2.1 概述

路基是按照路线位置和一定技术要求在天然地面开挖或填筑而成的岩土结构物,是路面的基础,承受由路面传递下来的行车荷载。根据填筑材料的不同,路基可分为土方路基和填石路基。路基应具有足够的强度、稳定性和耐久性。路基横断面图见图3-1。

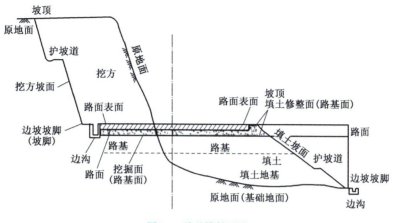

图 3-1 路基横断面图

3.2.2 路基工程检查项目

土方路基和填石路基检查项目的规定值或允许偏差按高速、一级公路和其他公路(二级及以下公路)两档确定;其中土方路基的压实度按高速、一级公路,二级公路,三、四级公路三档确定。

3.2.2.1 土方路基检查项目

土方路基检查项目主要有:

(1)填方土石料的压实状况:用压实度反映,现场一般采用挖坑灌砂法。公路等级越高,位置越接近路面,对压实度的要求也越高。对于高速、一级公路的路床,压实度要求在96%以上,而对于三、四级公路的下路堤,压实度在90%以上即满足要求。

(2)路面变形性能:采用弯沉值作为评价指标,采用落锤式弯沉仪、贝克曼弯沉仪等测试。

(3)路面、路线几何参数:纵断高程、中线偏位、宽度及平整度、坡度等,通常采用全站仪、水准仪、直尺等测量。

3.2.2.2 填石路基检查项目

填石路基的检查项目与土方路基基本相同。其中,由于填石材料无法通过挖坑灌砂法测试压实度,因此通常用孔隙率(满足设计要求)或者沉降差(小于或等于试验路确定的沉降差)来检测压实状况。

3.3 路面工程检查

3.3.1 概述

路面是在路基的顶面用各种材料或混合料分层铺筑而成的层状结构物,直接承受车辆荷载和自然因素的作用。路面应具有足够的强度和刚度,良好的水(温)稳定性、耐久性、表面平整度和表面抗滑性。

《公路沥青路面设计规范》(JTG D50—2017)指出,路面结构层由三部分组成:面层、基层和底基层、功能层,如图 3-2 所示。垫层可归为功能层或路基处治层。根据材料的不同,面层又可以分为水泥混凝土面层、沥青混凝土面层和沥青碎(砾)石面层。

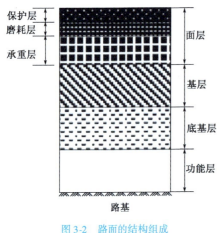

图 3-2　路面的结构组成

3.3.2　水泥混凝土面层检查项目

水泥混凝土面层检查项目主要有:

(1)面层混凝土材料的力学性能:主要测试材料的弯拉强度。

(2)面层结构的几何参数:板厚度、平整度、抗滑构造深度、相邻板高差、纵(横)缝顺直度等,分别采用直尺、平整度仪和铺砂等方法测量。

(3)路线的几何参数:纵断高程、中线偏位、宽度、坡度等,通常采用全站仪、水准仪、直尺等测量。

(4)其他:横向力系数、断板率等。

3.3.3　沥青混凝土面层和沥青碎(砾)石面层检查项目

沥青混凝土面层和沥青碎(砾)石面层检查项目与水泥混凝土路面大致相同,区别主要在于材料不同所带来的检查项目的差异,具体体现在用压实度来代替混凝土面层的弯拉强度。此外,对面层的矿料级配、沥青含量和马歇尔稳定度等与沥青相关的参数也需要专门进行检查。

3.1　公路工程质量检验评定应按什么逐级进行?

3.2　简述填石路基的实测项目及对应的测试方式。

本章参考文献

[1] 中华人民共和国交通运输部.公路工程质量检验评定标准　第一册　土建工程:JTG F80/1—2017[S].北京:人民交通出版社股份有限公司,2018.

第2篇

材料试验篇

第 4 章 材料物理试验

通过本章的学习,掌握包括土的物理性质试验、集料的物理性质试验和水泥的物理性质试验在内的各种材料物理试验,了解不同试验常用的方法以及仪器设备,熟悉每个试验的原理和试验步骤。学习本章后,将会对每个试验有更深层的理解,试验操作更加规范。

本章关于土的物理性质试验,主要介绍了土的含水率及土的密度试验。关于集料的物理性质试验,主要介绍了粗集料的密度及吸水率试验和粗集料的针片状颗粒含量试验。关于水泥的物理性质试验,主要围绕水泥细度和水泥凝结时间测定试验展开介绍。

4.1 土的基本物理指标

4.1.1 土的种类

作为工程材料的土,按颗粒粒径从大到小可以分为碎石土、砂土、粉土、黏性土、人工填土和特殊土(如淤泥、红黏土、湿陷性黄土、膨胀土等)。其中,碎石土和砂土是良好的路基材料,而其余的材料原则上不能用于路基填筑。同时,不同类型的土,其物理试验检测内容亦有所不同。

4.1.2 土的组成

1)土的三相组成

土是由土颗粒(固相)、水(液相)及气体(气相)三种物质组成的集合体。

（1）固相。土的固相物质分为无机矿物颗粒和有机质，是土体的骨架。

（2）液相。土的液相是指土孔隙中存在的水。土中细粒越多，通常水对土的性质影响越大。

（3）气相。土的气相主要指土孔隙中填充的气体。

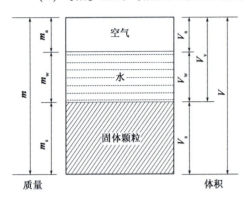

图4-1 三相比例简图

2）土的三相比例

土的三相组成成分及各自的性质对土的性质有显著影响，三相组成成分的体积和质量间的比例关系决定着土的物理性质及力学性质。

为了便于说明和记忆，把土中交错分布的土颗粒、水和气体分别集中起来，按体积划分为固相、液相和气相三部分，构成图4-1所示的三相比例简图。简图定义了9个物理量：V——总体积；V_s——固体颗粒体积；V_w——液相水的体积；V_a——气相体积；V_v——孔隙体积；m——总质量；m_s——固体颗粒质量；m_w——液相水的质量；m_a——气相质量。

4.1.3 基本试验指标和常用方法

（1）土的含水率 w：指土中水的质量与固体颗粒质量之比，通常以百分数表示。常用的含水率测定方法有烘干法、酒精燃烧法和比重法。本书重点讲解烘干法和酒精燃烧法。

（2）土的密度 ρ：指土单位体积的质量。测定密度常用的方法有环刀法、蜡封法、灌砂法、灌水法等。本书重点讲解环刀法和蜡封法。

4.1.4 其他换算指标

（1）干密度 ρ_d：指土的固体颗粒质量与土的总体积之比。

$$\rho_d = \frac{m_s}{V} \tag{4-1}$$

（2）饱和密度 ρ_{sat}：指土中孔隙全部被水充满时土的密度。

$$\rho_{sat} = \frac{m_s + V_v \cdot \rho_w}{V} \tag{4-2}$$

（3）浮密度 ρ'：指土浸在水中受到水的浮力作用时的单位体积的质量。

$$\rho' = \frac{m_s - V_s \cdot \rho_w}{V} \tag{4-3}$$

或

$$\rho' = \rho_{sat} - \rho_w \tag{4-4}$$

（4）孔隙比 e：指土中孔隙体积与固体颗粒体积之比。

$$e = \frac{V_v}{V_s} \tag{4-5}$$

(5)孔隙率 n：指土中孔隙体积与总体积之比。

$$n = \frac{V_v}{V} \times 100\% \tag{4-6}$$

(6)饱和度 S_r：指孔隙中水的体积与孔隙体积之比。

$$S_r = \frac{V_w}{V_v} \times 100\% \tag{4-7}$$

4.1.5 含水率试验

4.1.5.1 方法介绍

土的含水率试验的方法主要有烘干法、酒精燃烧法。其中,烘干法结果准确,但所需时间长;酒精燃烧法方便快捷,但测试误差相对较大,一般适用于快速简易测定。

土的含水率试验

土体中的自由水和弱结合水在 105～110℃下全部变成水蒸气挥发,土体颗粒质量不再发生变化。挥发掉的水分质量与剩余干土质量之比称为土体含水率,可以简单理解成土体中水分与固体的质量的比值,用百分数表示。

4.1.5.2 仪器设备

1)烘干法

①烘箱:用于烘干土颗粒;②天平:用于称量土颗粒质量;③其他:干燥器、称量盒等。

2)酒精燃烧法

①天平;②酒精;③其他:滴管、称量盒(可定期调整为恒定质量)等。

4.1.5.3 试验步骤

1)烘干法

(1)取样。取具有代表性试样,细粒土不小于 50g,砂类土、有机质土不小于 100g,砾类土不小于 1kg,放入称量盒内,立即盖好盒盖,称质量(m)。

(2)烘干。揭开称量盒盒盖,将试样和盒子放入烘箱内,将温度设置为 105～110℃,恒温烘干。对细粒土,烘干时间不得少于 8h;对砂类土和砾类土,烘干时间不得少于 6h。对含有机质超过 5% 的土或含石膏的土,应将温度控制在 60～70℃ 的范围内,烘干时间不宜少于 24h。

(3)冷却称量。将烘干后的试样和称量盒取出,放入干燥器内冷却(一般 0.5～1h 即可)。冷却后盖好盒盖,称质量(m_s),细粒土、砂类土和有机质土准确至 0.01g,砾类土准确至 1g。

2)酒精燃烧法

(1)取样。称取空盒的质量,准确至 0.01g;取代表性试样不小于 10g,放入称量盒内,称盒与湿土的总质量,准确至 0.01g。

(2)酒精注样。用滴管将酒精注入放有试样的称量盒中,直至盒中出现自由液面为止。为使酒精在试样中充分混合均匀,可在桌面上轻轻敲击盒底。

(3)燃烧酒精。点燃盒中酒精,燃至火焰熄灭。

(4)火焰熄灭并冷却数分钟,按步骤(2)(3)的方法再燃烧两次。

(5)称量。待第三次火焰熄灭后,盖好盒盖,立即称干土和盒的质量,准确至 0.01g。

4.1.5.4 结果与计算

1)计算含水率

$$w = \frac{m - m_s}{m_s} \times 100\% \tag{4-8}$$

式中:w——含水率,%,准确至0.1%;

m——湿土质量,g;

m_s——干土质量,g。

2)精度和允许平行差

本试验应进行两次平行测定,取其算术平均值,准确至0.1%。允许平行差值应符合表4-1规定,否则应重做试验。

含水率测定的允许平行差值　　　　　　　　　　表4-1

含水率w(%)	允许平行差值(%)
$w \leq 5.0$	≤ 0.3
$5.0 < w \leq 40.0$	≤ 1.0
$w > 40.0$	≤ 2.0

4.1.5.5 注意事项

(1)在酒精燃烧法中,必须确定上一次的酒精燃烧火焰完全熄灭,才能加下一次酒精,以免发生危险。

(2)烘干法与酒精燃烧法计算方法相同。

4.1.6 密度试验

4.1.6.1 方法介绍

测定土的密度是为了解土的疏密和干湿状态,供换算孔隙比、干密度等土的其他物理性质指标。同时,对于挡土墙土压力的计算,人工和天然斜坡稳定的设计与核算,地基承载力和沉降量的计算以及路基路面施工时压实程度的控制,皆不能脱离此项指标。

密度试验主要包括环刀法、蜡封法等。其中,环刀法难以用于坚硬、易碎、形状不规则的土样,仅适用于细粒土的密度测定,而蜡封法则适用于坚硬、易碎裂、难以切削和形态不规则的坚硬土。

1)环刀法

通过利用一定容积的环刀切取土样,使土样充满环刀,这样环刀的容积即为试样体积,然后称量试样加环刀的质量和环刀的质量,两者之差就是试样的质量,根据密度定义可计算出土的密度。

2)蜡封法

将已知质量的土块浸入融化的石蜡中,使试样有一层蜡的外壳,保持完整外形。通过分别称得带有蜡壳的土样在空气中和水中的质量,根据阿基米德原理,计算出试样体积,便可测得土的密度。

4.1.6.2 仪器设备

1）环刀法

①环刀：用于取样；②天平；③其他：削土刀、钢丝锯、凡士林等。

2）蜡封法

①天平；②其他：烧杯、细线、石蜡、针、削土刀等。

4.1.6.3 试验步骤

1）环刀法

（1）取样。按工程需要取原状土或制备所需状态的扰动土样，整平两端，环刀内壁涂一薄层凡士林，刀口向下放在土样上。

（2）削土。用削土刀或钢丝锯将土样上部削成略大于环刀直径的土柱，然后将环刀垂直下压，边压边削，至土样伸出环刀上部为止。削去两端余土，使土样与环刀口面齐平，并用剩余土样测定含水率（w）。

（3）称量。擦净环刀外壁，称环刀与土的总质量（m_1），准确至 0.01g。

2）蜡封法

（1）取样。用削土刀切取体积大于 $30cm^3$ 的试件，削除试件表面的松土、浮土以及尖锐棱角，在天平上称质量（m），准确至 0.01g。取代表性土样进行含水率测定。

（2）试件封蜡。将石蜡加热至刚过熔点，用细线系住试件并浸入石蜡中，使试件表面覆盖一薄层严密的石蜡，若试件蜡膜上有气泡，需用热针刺破气泡，再用石蜡填充针孔，涂平孔口。

（3）冷却称量。待冷却后，将蜡封试件放在天平上称质量（m_1），准确至 0.01g。

（4）用细线将蜡封试件置于盛有纯水的烧杯中，使其浸浮，注意试件不要接触烧杯壁，称蜡封试件的水中质量（m_2），准确至 0.01g，并测量纯水的温度。

（5）将蜡封试件从水中取出，擦干石蜡表面水分，在空气中称其质量，将其与步骤（3）中所称质量相比，若质量增加，表示水分进入试件中；若浸入水分质量超过 0.03g，应重做试验。

4.1.6.4 结果与计算

1）环刀法

按下列公式计算土的湿密度及干密度：

$$\rho = \frac{m_1 - m_2}{V} \tag{4-9}$$

$$\rho_d = \frac{\rho}{1 + 0.01w} \tag{4-10}$$

式中：ρ——土的湿密度，准确至 $0.01g/cm^3$；

m_1——环刀与土的总质量，g；

m_2——环刀质量，g；

V——环刀体积，cm^3；

ρ_d——土的干密度，准确至 $0.01g/cm^3$；

w——含水率，%。

2)蜡封法

按下式计算土的湿密度及干密度：

$$\rho = \frac{m}{\dfrac{m_1-m_2}{\rho_{wt}} - \dfrac{m_1-m}{\rho_n}} \tag{4-11}$$

$$\rho_d = \frac{\rho}{1+0.01w} \tag{4-12}$$

式中：ρ——土的湿密度，准确至 $0.01g/cm^3$；

ρ_d——土的干密度，准确至 $0.01g/cm^3$；

m——试件质量，g；

m_1——蜡封试件质量，g；

m_2——蜡封试件水中质量，g；

ρ_{wt}——纯水在 $t℃$ 时的密度，准确至 $0.001g/cm^3$；

ρ_n——石蜡密度，应事先实测，准确至 $0.01g/cm^3$，一般可采用 $0.92g/cm^3$；

w——含水率，%。

4.1.6.5 注意事项

(1)在环刀法中，环刀高度与直径之比对试验结果有影响，根据钻探机具、取土器的筒高和直径，确定试验使用的环刀直径为 6~8cm，高度为 2~5.4cm。

(2)在蜡封法中，为避免易碎裂土受到扰动和蜡封试样内产生气泡，在封蜡时，采用一次徐徐浸蜡方法。

4.2 集料

集料又称骨料，是混凝土的主要组成材料之一。集料分为粗集料和细集料，主要起骨架作用，并可减小由胶凝材料在凝结硬化过程中干缩湿胀所引起的体积变化，同时还作为胶凝材料的廉价填充料，是不同粒径的碎石、砾石、砂等粒状材料的总称。集料有天然集料和人造集料之分，前者如碎石、卵石、浮石、天然砂等，后者如煤渣、矿渣、陶粒等，也是道路工程中最常用的材料。

集料对道路工程的耐久性和力学性能具有较大影响，因此，系统掌握集料性能和相关试验检测工作，是更好地认知其他混合料性能和应用的基础。

4.2.1 集料的分类

集料依据不同的方式可划分为不同的类型。根据形成过程，集料可分为经自然风化、地质作用形成的卵石、砂砾石和人工机械加工而成的碎石。根据粒径大小，集料可分为粗集料和细集料，一般规定粒径大于 4.75mm 的为粗集料，如碎石和卵石；粒径小于 4.75mm 的为细集料，如天然砂。根据化学成分中氧化硅含量，集料还可分为酸性集料和碱性集料。

下文以粗集料为例，进行集料的物理性质试验阐述。

4.2.2 粗集料密度及吸水率试验

4.2.2.1 方法介绍

粗集料的密度指标较多,包括表观相对密度、毛体积相对密度、表干相对密度、表观密度、毛体积密度、表干密度等。结合粗集料的吸水率,可以从密度角度掌握粗集料的物理状态,进而为判断其力学性能提供依据。

粗集料密度及吸水率的试验检测主要采用网篮法,以阿基米德定律为理论基础。

4.2.2.2 仪器设备

①天平或浸水天平;②吊篮:用于转移试样;③溢流水槽:保证试样在水中称量时水面高度一致;④烘箱;⑤毛巾:用于擦拭试样表面的水;⑥其他:温度计、标准筛、刷子、盛水容器(如搪瓷盘)等。

4.2.2.3 操作步骤

(1)过筛。

将试样用4.75mm的标准筛过筛,除去其中的细集料。用四分法缩分至要求的质量,具体用量应符合表4-2要求,分两份备用。针对沥青路面用粗集料,应对不同规格的集料分别进行测定,不得混杂,并且要求所取的每一份集料试样应基本上保持原有的级配。

测定密度所需试样最小质量　　　　　　　　　表4-2

集料公称最大粒径(mm)	4.75	9.5	16	19	26.5	31.5	37.5	63	75
每份试样最小质量(g)	0.8	1	1	1	1.5	1.5	2	3	3

(2)浸泡清洗。

将待测试样浸泡在水中一段时间,并适当搅动,用刷子仔细洗去附在集料表面的尘土和石粉,经多次漂洗至水完全清澈为止。清洗过程中不得散失集料颗粒。

(3)取样。

取试样装入干净的搪瓷盘中,注入清水,水面至少应高出试样20mm,轻轻搅动集料,使附着在颗粒上的气泡完全逸出。在室温下保持浸水24h。

(4)称取试样水中质量。

将吊篮挂在天平的吊钩上,浸入溢流水槽中,控制水温在15~25℃范围内。水槽的水面高度由溢流口调节,在试验过程中始终保持在同一位置,天平调零。将试样移入吊篮中。维持水面高度不变,称取集料在水中的质量 m_w。

(5)擦干试样。

提起吊篮,稍加滴水后,将试样全部倒入搪瓷盘或直接倒在拧干的湿毛巾上。用拧干的湿毛巾轻轻擦干集料颗粒表面的水,直到表面看不到发亮的水迹,即为饱和面干状态。当粗集料尺寸较大时,也可逐颗擦干。整个过程中不得有集料丢失,且已擦干的集料不得继续在空气中放置,以防止集料干燥。

(6)称取试样表干质量和烘干质量。

在饱和面干状态下,立即称取集料的表干质量 m_f。将集料置于搪瓷盘中,放入105℃±5℃

的烘箱中烘干至恒重。取出后置于干燥器中冷却至室温,称取集料的烘干质量 m_a。

(7)对同一规格的集料应平行试验两次,取平均值作为试验结果。

4.2.2.4 结果与计算

不同含义的相关密度分别按下列公式计算。

表观相对密度 γ_a:

$$\gamma_a = \frac{m_a}{m_a - m_w} \tag{4-13}$$

毛体积相对密度 γ_b:

$$\gamma_b = \frac{m_a}{m_f - m_w} \tag{4-14}$$

表干相对密度 γ_s:

$$\gamma_s = \frac{m_f}{m_f - m_w} \tag{4-15}$$

式中:γ_a——集料的表观相对密度,无量纲;

γ_b——集料的毛体积相对密度,无量纲;

γ_s——集料的表干相对密度,无量纲;

m_a——集料的烘干质量,g;

m_f——集料的表干质量,g;

m_w——集料在水中的质量,g。

集料的吸水率以烘干试样为基准,按式(4-16)计算,精确至0.01%。

$$w_x = \frac{m_f - m_a}{m_a} \times 100\% \tag{4-16}$$

式中:w_x——集料的吸水率,%。

粗集料的表观密度、毛体积密度、表干密度,分别按式(4-17)~式(4-19)计算,精确至小数点后3位。不同水温条件下测量的粗集料密度需进行水温修正。

$$\rho_a = \gamma_a \cdot \rho_{wT} \quad 或 \quad \rho_a = (\gamma_a - \alpha_T) \cdot \rho_w \tag{4-17}$$

$$\rho_b = \gamma_b \cdot \rho_{wT} \quad 或 \quad \rho_b = (\gamma_b - \alpha_T) \cdot \rho_w \tag{4-18}$$

$$\rho_s = \gamma_s \cdot \rho_{wT} \quad 或 \quad \rho_s = (\gamma_s - \alpha_T) \cdot \rho_w \tag{4-19}$$

式中:ρ_a——粗集料的表观密度,g/cm³;

ρ_b——粗集料的毛体积密度,g/cm³;

ρ_s——粗集料的表干密度,g/cm³;

ρ_{wT}——试验温度 T℃时水的密度,g/cm³,按表4-3取用;

α_T——试验温度 T℃时的水温修正系数,无量纲;

ρ_w——水在4℃时的密度,g/cm³。

不同水温时水的密度 ρ_{wT} 及水温修正系数 α_T 表 4-3

水温(℃)	15	16	17	18	19	20
水的密度(g/cm³)	0.99913	0.99897	0.99880	0.99862	0.99843	0.99822
水温修正系数 α_T	0.002	0.003	0.003	0.004	0.004	0.005
水温(℃)	21	22	23	24	25	—
水的密度(g/cm³)	0.99802	0.99779	0.99756	0.99733	0.99702	—
水温修正系数 α_T	0.005	0.006	0.006	0.007	0.007	—

重复试验的精密度,对表观相对密度、毛体积相对密度、表干相对密度,两次结果相差不得超过 0.02,对吸水率不得超过 0.2%。

4.2.2.5　注意事项

通常在实际工作中,经常提到的是密度 ρ 而不是相对密度 γ,但密度试验检测结果和配合比设计时,又往往针对的是相对密度。因此,可借助公式 $\rho = \gamma \times \rho_{wT}$ 实现两者之间的转换。

4.2.3　粗集料的针片状颗粒含量试验

4.2.3.1　方法介绍

本试验适用于测定水泥混凝土用 4.75mm 以上的粗集料的针状及片状颗粒含量,以百分率计。粗集料中针片状颗粒的含量,可用于评价集料的形状及其在工程中的适用性。而不同的针片状颗粒含量对工程的耐久性和安全性有较大影响,因此,对粗集料的针片状颗粒含量进行检测是十分必要的。粗集料的针片状颗粒含量试验的方法主要分为规准仪法和游标卡尺法。

两种方法都具有操作简便的优点。其中,规准仪法适用于测定粒径大于 4.75mm 的碎石或卵石中针状和片状颗粒的总含量,而游标卡尺法适用于测量沥青混合料和基层材料的粒径 4.75mm 以上的粗集料中针状和片状颗粒含量。

两种试验方法具有不同的试验原理,分述如下:
(1)规准仪法:将试样过筛后,目测有可能属于针片状颗粒的粗集料,按筛选表所规定的粒级,用规准仪逐粒对试样进行针片状颗粒鉴定。
(2)游标卡尺法:将试样过筛后,通过游标卡尺对试样进行针片状颗粒鉴定。

4.2.3.2　设备仪器

1)规准仪法
①水泥混凝土集料针状规准仪和片状规准仪:用于试样颗粒的矫正鉴定;②天平或台秤;③标准筛:用于试样的筛选分类。

2)游标卡尺法
①标准筛;②游标卡尺;③天平。

4.2.3.3　操作步骤

1)规准仪法
(1)取样称量。将试样在室内风干至表面干燥,并用四分法缩分至满足表 4-4 的检测用量,称重,记作 m_0。

针片状颗粒含量试验规定材料用量　　表 4-4

公称最大粒径(mm)	9.5	16	19	26.5	31.5	37.5	53	63
试样最小质量(kg)	0.3	1	2	3	5	10	10	10

(2)筛样。采用标准套筛将试样分成不同的粒级,具体粒级划分界限及对应的规准仪孔宽和间距见表 4-5。

粗集料粒级划分界限和规准仪关键尺寸　　表 4-5

集料粒级(mm)	4.75~9.5	9.5~16	16~19	19~26.5	26.5~31.5	31.5~37.5
针状规准仪上相对应的立柱之间的距离(mm)	17.1 (B1)	30.6 (B2)	42.0 (B3)	54.6 (B4)	69.6 (B5)	82.8 (B6)
片状规准仪上相对应的孔宽(mm)	2.8 (A1)	5.1 (A2)	7.0 (A3)	9.1 (A4)	11.6 (A5)	13.8 (A6)

(3)分类称量。目测挑出接近立方体形状的规则颗粒,目测将有可能属于针片状颗粒的集料按表 4-5 所规定的粒级用规准仪逐粒进行针状颗粒鉴定。凡颗粒长度大于针状规准仪上相应间距者,为针状颗粒;颗粒厚度小于片状规准仪上相应孔宽者,判定为片状颗粒。全部鉴定结束后,称量由各粒级挑出的针状颗粒和片状颗粒的质量,其总质量为 m_1。

2)游标卡尺法

(1)取样。采用随机取样的方式,准备待测试样。对每一种规格的粗集料,应按照表 4-6 选取;按分料器法或四分法选取 1kg 左右的试样。对每一种规格的粗集料,应按照不同的公称粒径,分别取样检验。

针片状颗粒含量试验材料取样量　　表 4-6

公称最大粒径(mm)	4.75	9.5	13.2	16	19	26.5	31.5	37.5
最小取样量(kg)	0.6	1.2	2.5	4	8	8	20	40

(2)称量。将试样用 4.75mm 的标准筛过筛,取筛上部分供试验用,称取试样的总质量 m_0,精确至 1g;试样质量应不少于 800g,且颗数不少于 100 颗。

注:对 2.36~4.75mm 级粗集料,由于卡尺量取有困难,故一般不作测定。

(3)分类称量。对选定的试样颗粒,先用目测的方式挑出接近立方体的颗粒,将剩余部分初步看作针片状颗粒,随后用卡尺做进一步的甄别;逐一对需要进一步甄别的颗粒进行操作。对某一颗粒,找出一个相对平整且面积较大的面作为基准面(底面),然后用游标卡尺测出该面的最长尺寸 l,再测量该集料颗粒的厚度(底面到颗粒的最高点的长度),记为 t_0。将 $l/t \geq 3$ 的颗粒(底面最长尺寸与厚度方向尺寸之比大于或等于 3 的颗粒)挑出,判定为针片状颗粒,最后在天平上称出这类形状颗粒的总质量 m_1。

4.2.3.4 结果与计算

1)规准仪法

水泥混凝土用碎石或卵石中针片状颗粒含量计算公式:

$$Q_e = \frac{m_1}{m_0} \times 100\% \tag{4-20}$$

式中：Q_e——试样中针片状颗粒含量，%；
  m_1——试样中针片状颗粒总质量，g；
  m_0——试样总质量，g。

2) 游标卡尺法

沥青混合料或基层用粗集料中针片状颗粒含量计算公式：

$$Q_e = \frac{M_1}{M_0} \times 100\% \tag{4-21}$$

式中：Q_e——试样中针片状颗粒含量，%；
  M_1——试样中针片状颗粒总质量，g；
  M_0——试样总质量，g。

4.2.3.5 注意事项

（1）针对水泥混凝土用粗集料试验结果可分别采用针状或片状颗粒进行计算，并得到针片状颗粒的总含量，但针对沥青混合料用粗集料试验结果仅以针片状颗粒总含量表示。

（2）采用规准仪法进行颗粒形状判断时，首先要通过标准筛将粗集料进行分级，不同粒级的颗粒要对应规准仪上相应的间距和孔宽来判定，不可错位。

（3）采用游标卡尺法对集料颗粒进行甄别时，首先要确定好颗粒基准面，然后测量其长度和厚度等相应尺寸。

4.3 水泥

水泥是土木工程中应用最为广泛的无机胶凝材料，也是混凝土的主要组成部分之一。

4.3.1 水泥的基本概念

水泥是一种人造水硬性胶凝材料，呈粉末状，与水混合后，经过一系列的物理化学作用，由可塑性浆体变成坚硬的石状体，并能将散粒状材料胶结成整体。水泥不仅能在空气中硬化，还可以在潮湿环境甚至在水中硬化，其强度可保持不变并继续增长，从而满足各种工程的需要。在水泥强度发展过程中，也就是水泥凝结硬化过程中，水泥的细度、凝结时间等物理性质都将影响水泥强度的发展程度，是重要的物理性能参数。

4.3.2 水泥细度试验

4.3.2.1 水泥细度简介

水泥是由诸多级配的水泥颗粒组成的，水泥颗粒级配对水泥的水化硬化速度、需水量、和易性、放热速度、强度等都有一定影响。其中，细度是指水泥颗粒总体的粗细程度，水泥颗粒越细，与水发生反应的表面积越大，水化反应速度越快，而且反应越完全，早期强度也越高。水泥细度试验的方法有很多，其中负压筛法比较常用。

水泥细度检验方法——筛析法

4.3.2.2 仪器设备

①负压筛析仪:由筛座、负压筛、负压源及吸尘器组成;②试验用负压标准筛:用于筛选样品;③天平;④水筛架和喷头;⑤其他:刷子、吸尘器。

4.3.2.3 操作步骤

(1)检查仪器。正式筛析试验前,应把负压筛放在筛座上,盖上筛盖,接通电源,检查负压筛析仪是否能够达到 4000~6000Pa 的负压压力。当工作负压小于 4000Pa 时,应清理吸尘器内水泥,使负压恢复正常。

(2)取样筛析。称取试样 25g,置于洁净的负压筛中,将负压筛放在筛座上,盖上筛盖,启动负压筛析仪连续筛析 2min,在此期间如有试样附着在筛盖上,可轻轻地敲击筛盖使试样落下。

(3)称量。筛析结束后,用天平称量筛余物,并记作 m_1。用筛余物质量占水泥试样质量的百分数表示水泥细度。

4.3.2.4 结果与计算

筛析法测定水泥细度计算公式:

$$F = \frac{m_1}{m_0} \times 100\% \tag{4-22}$$

式中:F——水泥试样的筛余百分数,%;

m_1——水泥筛余物的质量,g;

m_0——水泥试样的质量,g。

4.3.2.5 注意事项

(1)在试验过程中,应保持负压筛水平,避免外界震动和冲击。当筛网有堵塞现象时,可将筛网反置,反吹空筛一段时间,再用刷子清洗,也可用吸尘器抽吸。

(2)负压筛析法主要适用于硅酸盐水泥、普通硅酸盐水泥、矿渣硅酸盐水泥、复合硅酸盐水泥等。

(3)试验时,每份样品应称取两个试样分别筛析,取两次筛余结果的平均值为筛析结果。若两次筛余结果绝对误差大于 0.5%(筛余结果大于 2.0% 时可放宽至 1.0%),应再做一次试验,取两次相近结果的算术平均值作为最终结果。

(4)试验用筛须保持洁净,筛孔通畅,如有堵塞,可用弱酸浸泡,并用毛刷轻轻刷洗,再用清水冲净、晾干。

4.3.3 水泥凝结时间测定试验

4.3.3.1 水泥凝结时间

水泥的凝结时间有初凝时间和终凝时间之分。自加水起至水泥浆开始失去塑性、流动性减弱的时间,称为初凝时间;自加水时起至水泥浆完全失去塑性、开始有一定结构强度所需时间,称为终凝时间。对不同的水泥,有不同的水泥初凝时间和终凝时间规定,不满足条件的水泥将被视为不合格品。

水泥凝结时间测定试验

根据水泥初凝和终凝时的特点,截取水泥凝结时间节点,从而进行凝结时间测定。

4.3.3.2 仪器设备

(1)湿气养护箱:用于试样养护。(2)试针:通过在试样中的沉入时间,来推断初凝时间与终凝时间。

4.3.3.3 操作步骤

(1)取样。采用标准稠度水泥净浆作为测定凝结时间的材料。将该净浆装满圆台形的试模,插捣、振实、刮平后立即放入湿气养护箱。记录净浆搅拌时水泥全部加到水中的时刻,作为测定凝结时间的起始时间。

(2)初凝时间测定。试件在湿气养护箱中养护至加水后30min时进行第一次测定。测定时,从湿气养护箱中取出试模放到试针下,降低试针高度使其与水泥净浆表面接触。拧紧螺钉1~2s后,突然放松,使试针垂直自由地沉入水泥净浆中。观察试针停止沉入或释放试针30s时指针的读数。临近初凝时,每隔5min测定一次。当试针沉至距底板4mm±1mm时,表征水泥达到初凝状态。由起始时间到初凝状态出现所经历的时间定义为初凝时间,用"min"表示。如试针未达到规定下沉状态,则继续养护,再次测定,直至测试结果呈现规定的状态。达到初凝时应立即重复测一次,当两次结论相同时才能定为达到初凝状态。

(3)终凝时间测定。在水泥试验完成初凝时间测定后,立即将试模连同浆体以平移的方式从玻璃板下翻转180°,直径大端向上、小端向下放在玻璃板上,再放入湿气养护箱中继续养护。将带有环形附件的试针安装在维卡仪滑动杆上,在临近终凝时,每隔15min测定一次,当试针沉入试件0.5mm时,即环形附件开始不能在试件上留下痕迹时,为水泥达到终凝状态。由起始时间到出现规定状态所经历的时间定义为终凝时间,用"min"表示。达到终凝时应立即重复测一次,当两次结论相同时才能定为达到终凝状态。

4.3.3.4 注意事项

(1)把握好两种凝结时间可能出现的时刻,在接近初凝或终凝时,要缩短两次测定时间间隔,以免错过"真实"时刻。

(2)达到凝结时间时,要立即重复测定一次,只有当两次测定结果都表示达到初凝或终凝状态时,才可认定。

(3)每次测定时要避免试针落在同一针孔位置,并避开试模内壁至少10mm,测定间隔期间要使试样在养护箱中等待。

习题

4.1 土的物理性质包括哪些?
4.2 在测试土的含水率时,常用的方法有哪些?
4.3 如何判断土是处于液限状态还是塑限状态?
4.4 集料的物理性质包括哪些?
4.5 粗集料的针片状颗粒含量试验方法包括哪些?

4.6 在细集料的筛分试验中,干筛法和水筛法的区别是什么?
4.7 水泥的物理性质包括哪些?
4.8 水泥的安定性是指什么?试验方法有哪些?

本章参考文献

[1] 中华人民共和国交通运输部.公路工程水泥及水泥混凝土试验规程:JTG 3420—2020[S].北京:人民交通出版社股份有限公司,2021.

[2] 中华人民共和国交通部.公路工程集料试验规程:JTG E42—2005[S].北京:人民交通出版社,2005.

[3] 中华人民共和国交通运输部.公路土工试验规程:JTG 3430—2020[S].北京:人民交通出版社股份有限公司,2020.

[4] 中华人民共和国国家质量监督检验检疫总局,中国国家标准化管理委员会.水泥密度测定方法:GB/T 208—2014[S].北京:中国标准出版社,2014.

[5] 中华人民共和国国家质量监督检验检疫总局,中国国家标准化管理委员会.水泥比表面积测定方法 勃氏法:GB/T 8074—2008[S].北京:中国标准出版社,2008.

[6] 交通运输部安全与质量监督管理司,交通运输部职业资格中心.公路水运工程试验检测专业技术人员职业资格考试用书[M].北京:人民交通出版社股份有限公司,2018.

第 5 章 材料力学性能试验

本章主要介绍路基路面试验检测中常用的材料力学性能试验,主要包括两大部分:土的击实试验、压缩试验和动态回弹模量试验;混凝土的抗压强度试验和抗弯拉强度试验。通过本章的学习,了解材料主要的力学性能检测方法、步骤和注意事项,掌握数据的计算处理方法。

材料力学性能是指材料在常温、静载作用下的宏观力学性能,是确定各种工程设计参数的主要依据。这些力学性能均需用标准试样,在材料试验机上按照规定的试验方法和程序测定。

5.1 土的力学性能试验

5.1.1 击实试验

1)土的压实性的工程意义

在道路工程中,土是最常用的填筑材料。由于土具有松散性,因此需要通过压实(碾压等)来改善其变形和强度特性,以满足工程要求。

2)击实试验的原理

击实试验的原理是采用人工或机械对土施加夯压能量(如打夯、碾压、振动碾压等方式),使土颗粒重新排列紧密,其中粗粒土因颗粒的紧密排列,颗粒表面摩擦力和颗粒之间嵌挤形成的咬合力得到增强,细粒土则因为颗粒间的靠紧,颗粒间的分子引力得到增强,从而使土在短时间内得到新的结构强度。

土的击实试验

研究土的击实性常用的方法包括现场填筑试验和室内击实试验两种。前者是在某一工序动工之前,在现场选一试验路段,按设计要求和拟定的施工方法进行填筑,同时进行有关测试工作,查明填筑条件(如使用土料或其他集合料、堆填方法、碾压方法等)与填筑效果(压实度)之间的关系,从而确定一些碾压参数。后者则是在室内通过击实仪模拟施工现场击实条件的试验操作,由于空间尺寸的限制,室内击实试验方法一般仅适用于细粒土。

3) 室内击实试验

(1) 试验仪器。

试验仪器主要由击实筒、击锤和导杆等部件组成,如图5-1、图5-2所示。

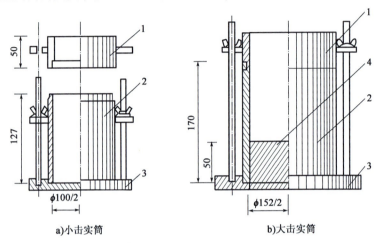

图5-1 击实筒(尺寸单位:mm)
1-套筒;2-击实筒;3-底板;4-垫块

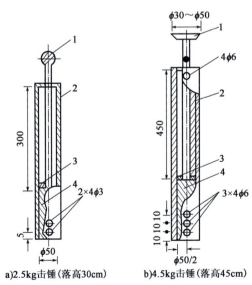

图5-2 击锤和导杆(尺寸单位:mm)
1-提手;2-导管;3-硬橡皮垫;4-击锤

(2) 试验方法的类型。

击实试验分轻型和重型两类。

(3) 试验方法。

① 试样制备。试样制备分干法和湿法两种。对一般土,干法制样和湿法制样所得试验结果有一定差异,对于具体试验应根据工程性质选择制备方法。

② 试样击实。将击实筒放在坚硬的地面上,取制备好的土样分多次倒入筒内。每层按规定的击实次数进行击实,每次装土量应使击实后的试样等于或略高于筒高。

用修土刀齐筒顶削平试样,将筒和击实样土称重后用推土器推出筒内试样,测定击实试样的含水率,测算击实后土样的湿密度(含水率可以使用烘干法或者酒精燃烧法进行检测,湿密度可根据击实试件的体积和质量计算得出)。依次重复上述过程,完成不同预定含水率的土样的击实操作。

③结果整理。按下式计算击实后各点的干密度 ρ_d:

$$\rho_d = \frac{\rho}{1+0.01w} \tag{5-1}$$

式中:ρ——击实后土的湿密度,g/cm³,准确至 0.01;

w——击实后土的含水率,%。

以干密度 ρ_d 为纵坐标,含水率 w 为横坐标,绘制 ρ_d-w 关系曲线,曲线上峰值点的横、纵坐标分别为最佳含水率和最大干密度,如图 5-3 所示。

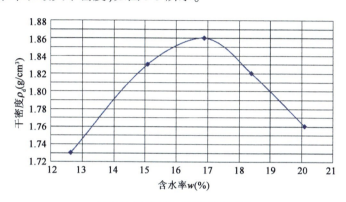

图 5-3 含水率与干密度关系曲线

4) 土的击实特性

从图 5-3 可以看出:

(1) 击实曲线有一个峰值点,这说明在一定击实功作用下,只有当土的含水率为某一定值(称为最佳含水率)时,土才能被击实至最大干密度。当土的含水率小于或大于最佳含水率时,所得的干密度都小于最大值。

(2) 当土的含水率偏小时,含水率的变动对干密度的影响要比含水率偏大时的影响更为明显,由图 5-3 可看出曲线的左段较右段偏陡。

(3) 图 5-3 中的曲线称为饱和曲线,它表示土在饱和状态时的含水率与干密度的关系。根据土中各相的相对含量关系,可以推导出饱和曲线含水率的表达式如下:

$$w_{max} = \left(\frac{\rho_w}{\rho_d} - \frac{1}{G_s}\right) \times 100\% \tag{5-2}$$

式中:w_{max}——土的饱和含水率,%,准确至 0.01%;

G_s——土粒的相对密度;

ρ_w——水的密度,g/cm³;

ρ_d——土的干密度,g/cm³。

事实上,当土的含水率饱和时,土内孔隙中的空气越来越多地处于与大气隔离的封闭状态,击实作用已不能将这些气体排出,亦即击实土不可能达到完全饱和的状态。因此,击实曲线必然位于饱和曲线左下侧。当土的含水率偏小,即 $w < w_0$ 时,土处于疏松状态,此时土中的

孔隙大都被与大气连通的气体充满。压实时,气体容易被挤出,故土体的密度容易被击实增大。当含水率增大并接近最佳含水率时,土中所含的水量有利于在击实功作用下,克服摩阻力和黏结力而发生相对位移使土密实,进而被击实至最大干密度。

5)影响击实的因素

(1)含水率对整个压实过程的影响。由图5-3中的曲线可知,控制含水率至最佳含水率附近有助于提高压实质量。但是,不同土类的最佳含水率和最大干密度也是不同的。一般粉粒和黏粒含量多,土的塑性指数越大,土的最佳含水率也越大,同时其最大干密度越小。因此,一般砂性土的最佳含水率小于黏性土,而砂性土的最大干密度大于黏性土。

(2)击实功对最佳含水率和最大干密度的影响。对同一种土用不同的击实功进行击实试验的结果表明:击实功越大,土的最大干密度也越大,而土的最佳含水率则越小,但是这种增大是有一定限度的,超过这一限度,即使增加击实功,土的干密度的增加也很不明显。

(3)不同压实机械对压实的影响。如光面压路机、羊足碾和振动压路机等,它们的压实效果各不相同,作用于不同土类时,其效果也不同。

(4)土粒级配的影响。路基、路面基层等材料的施工经验表明,粒料的级配对压实的密实度也有明显的影响。颗粒均匀的砂、单一尺寸的砾石和碎石,都很难碾压密实。只有级配良好的材料才能达到相关的密实度要求,也才能满足强度和稳定性的要求。

5.1.2 压缩试验

1)基本概念

由于土是固体颗粒的集合体,具有碎散性,因而土的压缩性比钢材、混凝土等其他材料大得多,并具有下列两个特点:

(1)土体的压缩变形主要是由孔隙的减小引起的。土是三相体,土体受外力引起的压缩,包括三部分:土粒固体部分的压缩,土体内孔隙中水的压缩,水和空气从孔隙中被挤出以及封闭气体被压缩。据研究,在一般工程中,所遇到的压力在100~600kPa范围内,土粒和水本身的压缩程度都很小,可以忽略不计。因此,土体的压缩可以认为是由于孔隙减小而产生的。

(2)饱和土的压缩需要一定时间才能完成。由于饱和土的孔隙中充满着水,要使孔隙减小,就必须挤出土中的水,亦即土的压缩与孔隙中水的挤出是同时发生的。土中水的挤出需要一定时间。土的颗粒越粗,孔隙越大,则透水性越强,因而土中水的挤出和土体的压缩越快。而黏土由于颗粒很细,则需要很长的时间压缩。这个过程也叫作渗流固结过程,是土区别于其他材料压缩性的又一特点。

为了确保路桥工程的安全使用,需要确定地基土的变形大小。地基土在外荷载作用下压缩变形的特性和规律以及反映这种特性的计算指标,需要通过土的压缩试验来获得。压缩试验也可分为室内压缩试验和野外承载板试验。

2)室内压缩试验

试验室用压缩仪(亦称固结仪,参考图5-4)进行

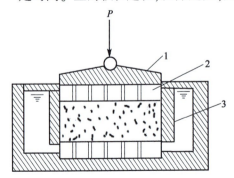

图5-4 压缩仪结构示意图
1-传压活塞;2-透水石;3-环刀

压缩试验是研究土的压缩性的基本方法。

(1)压缩性指标。

在假定土体为各向同性的线弹性体前提下,压缩曲线所反映的非线性压缩规律被简化成线性的关系,即在一般的压力变化范围内,用一段割线近似地代替该段曲线。

经过综合计算得到一个指数,称为压缩指数,是无因次量,它也是表征土的压缩性的重要指标。

(2)先期固结压力和土层的天然固结状态判断。

先期固结压力 p_c,可以用来判断天然土层的固结状态。天然土层可分为下列三种固结状态。

①超固结状态:指该天然土层在地质历史上受到过的固结压力 p_c 大于目前的上覆压力 r_z 的情况。就现地面以下某一深度 z 处的单元土体 A 而言,当 $p_c > \gamma_z$ 时即为超固结状态。

②正常固结状态:该天然土层在历史上最大固结压力 p_c 作用下压缩稳定,但沉积后土层厚度无大变化,也没有受到过其他荷载的继续作用。因此,就现地面以下某一深度 z 处的单元击体 A 而言,目前的上覆压力 γ_z 就是历史上的最大固结压力 p_c,即 $p_c = \gamma_z$。

③欠固结状态:该天然土层历史上曾在 p_c 作用下稳定压缩,完成固结。以后由于某种原因使土层继续沉积或加载,形成目前大于 p_c 的自重压力 γ_z,但因时间不长,γ_z 作用下的压缩固结还没有完成,在继续压缩中。此种 $p_c < \gamma_z$ 的土层,是欠固结状态。

上述三种固结状态可以统一用超固结比 OCR $= p_c/p_0 (p_0 = \gamma_z$,即自重压力)的大小来判断。OCR >1 时,为超固结状态;OCR $=1$ 时,为正常固结状态;OCR <1 时,为欠固结状态。

3)变形指标间的关系

室内压缩试验是土样在无侧限条件下的单向受力试验,它与实际地基土中的受力情况不同,因此压缩试验得到的压缩性规律及指标存在一定的局限性。有时为了研究空间受力情况下土体变形情况,常通过野外现场荷载试验获得地基土的压缩性规律,以及根据弹性力学的空间研究,解答出所需要的变形指标。一维受力状态下的压缩模量 E_s 与野外荷载试验确定的变形模量 E_0 之间的关系如下:

$$E_0 = E_s \left(1 - \frac{2\mu^2}{1-\mu}\right) \tag{5-3}$$

式中:E_s——压缩模量,kPa;

μ——孔隙水压力,kPa。

因为土体不是完全弹性体,所以上述关系式是一种近似关系。但是这些关系式为工程应用提供了方便。

5.1.3 动态回弹模量试验

1)检测目的和适用范围

道路承受的交通荷载既为动荷载,又是循环荷载。因此,为了更真实地反映路基材料在交通荷载下的响应特性,《公路路基设计规范》(JTG D30—2015)规定,路基应以路床顶面回弹模量为设计指标。路基在平衡湿度状态下,路床顶面回弹模量不应低于现行设计规范的有关规定。

2)回弹模量设计值

新建公路路基回弹模量设计值 E_0 应按式(5-4)确定,并满足式(5-5)的要求。

$$E_0 = K_s K_\eta M_R \tag{5-4}$$

$$E_0 \geq [E_0] \tag{5-5}$$

式中:E_0——平衡湿度状态下路基回弹模量设计值,MPa。

K_s——路基回弹模量湿度调整系数,为平衡湿度(含水率)状态下的回弹模量与标准状态下的回弹模量之比,对于潮湿类路基,一般为 0.4~1.0;路基顶面和黏质土偏高,路基底面和砂质土偏低;而对于干燥类路基,则根据路基所在的自然区划的湿度指标 TMI 和土组类别确定,一般为 0.4~1.8。

K_η——干湿循环或冻融循环条件下路基土模量的折减系数,通过试验确定,初步设计可取 0.7~0.95。

M_R——标准状态下路基动态回弹模量,MPa,应利用动三轴试验仪在设计的围压和轴压条件下,并经过预载后通过循环加卸载确定。此外,不同材料的 M_R 的参考值见表 5-1。

$[E_0]$——路面结构设计的路基回弹模量要求值,MPa,应符合现行设计规范的有关规定。

M_R 的参考值(单位:MPa) 表5-1

级配碎石	未筛分碎石	级配砾石	砾 G	天然砂砾	含细粒土砾 GF
180~400	180~220	150~300	110~135	100~140	100~130
粉土质砾 GM	黏土质砾 GC	砂 S	含细粒土砂 SF	粉土质砂 SM	低液限粉土 ML
100~125	95~120	95~125	80~115	65~95	50~90

3)动三轴试验仪法测动态回弹模量

利用动三轴试验仪,可以得到标准状态下路基材料动态回弹模量 M_R。

(1)仪器设备。

①动三轴试验仪:由三轴室、加载系统、荷载与变形响应测量系统组成,如图 5-5 所示。

②三轴室:采用聚碳酸酯、丙烯酸或其他适宜的透明材料制成。

③加载系统:能够产生重复循环半正矢脉冲轴向荷载(图 5-6)的闭路电液压或电气压试验机;围压控制精度 1.0kPa。

④荷载与变形响应测量系统:轴向压力传感器;三轴室围压压力表、压力计或压力传感器监测;LVDT 位移传感器;可自动采集数据的数据采集系统。

⑤其他附属设备:对开成型筒、承膜筒、击实设备、橡皮膜、天平、烘箱等。

(2)试验步骤。

①按需要取原状土或用扰动土制备所需状态的试件。标准回弹模量试验应在最佳含水率条件下进行试件制备;平衡湿度状态下的回弹模量、干湿循环条件下的回弹模量、冻融循环条件下的回弹模量试验应按照标准制备。

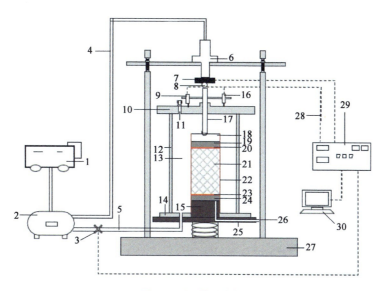

图 5-5　动三轴试验仪

1-空气压缩机;2-稳压器;3-围压压力传感器;4-通气管;5-围压管;6-作动器;7-轴向压力传感器;8-球形螺栓;9、16-位移传感器;10-顶部压盘;11-通气阀门;12-三轴室;13-围压室;14-底部压盘;15-试件底座;17-加载杆;18-试件上帽;19、24-透水石;20、23-滤纸;21-试件;22-橡皮膜;25-底座;26-排水通道;27-加载架;28-通信线缆;29-控制器;30-计算机

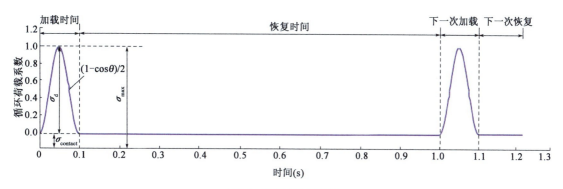

图 5-6　半正矢形加载波

②在三轴室底座上依次放上透水石、试件、透水石和试件上帽,将橡皮膜套在试件与透水石外,并将橡皮膜两端与底座及试件上帽分别扎紧。橡皮膜厚度不应超过试件直径的1%。应注意使试件中心与加载架的中心对齐。

③安装位移传感器,打开所有通向试件内部的排水管阀门。

④连通围压供给管和三轴室,对试件施加预载围压,并对试件施加半正矢脉冲荷载。

⑤调整围压和半正矢脉冲荷载至目标设定值,并重复加载。粗粒土、细粒土加载序列均应按照规范确定。

⑥加载完成后,将围压降为0,从三轴室移出试件,去掉橡皮膜,用整个试件测定含水率。

⑦结果整理。根据每个加载序列最后5次循环的动态回弹变形,按式(5-6)计算动态回弹模量,并取该序列的均值。

$$M_R = \frac{\sigma_d}{\varepsilon_R} \tag{5-6}$$

式中：M_R——动态回弹模量，准确至 0.1 MPa；

　　　σ_d——循环应力，MPa；

　　　ε_R——轴向回弹应变。

根据每个加载序列对应的动态回弹模量均值，按式(5-7)所示的动态回弹模量模型，采用非线性拟合技术，确定模型参数 k_1、k_2、k_3。

$$M_R = k_1 P_a \left(\frac{\theta}{P_a}\right)^{k_2} \left(\frac{\tau_{oct}}{P_a} + 1\right)^{k_3} \tag{5-7}$$

式中：θ——体应力，kPa，$\theta = \sigma_1 + \sigma_2 + \sigma_3$，$\sigma_1$、$\sigma_2$、$\sigma_3$ 为主应力，$\sigma_2 = \sigma_3$，$\sigma_1 = \sigma_d + 1.2\sigma_3$；

　　　τ_{oct}——八面体剪应力，kPa，$\tau_{oct} = \frac{1}{3}\sqrt{(\sigma_1 - \sigma_2)^2 + (\sigma_1 - \sigma_3)^2 + (\sigma_2 - \sigma_3)^2}$；

　　　k_i——回归常数，k_1、$k_2 \geq 0$，$k_3 \leq 0$；

　　　P_a——参照大气压(100 kPa)。

(3)精度和允许误差。

每个加载序列的动态回弹模量由三个平行试验结果的平均值确定，每个平行试验结果与动态回弹模量均值相差均不应超过 5%，否则应重做试验。

5.2　混凝土的力学性能试验

5.2.1　强度

强度是混凝土最主要的力学性质之一。道路工程中主要关注的有抗压强度和抗折强度(抗弯拉强度)。其中，抗压强度常用立方体抗压强度来代表。

1) 立方体抗压强度(f_{cu})

以标准方法分别制成边长 100 mm、150 mm 或 200 mm 的立方体试件，其中边长为 150 mm 的立方体为标准尺寸，在标准条件下(20℃ ±2℃，相对湿度 95% 以上)养护至 28 d 龄期，用标准方法测定其受压极限破坏荷载，以此求得混凝土的抗压强度(MPa)。该强度指标是混凝土力学指标的基础性强度指标，常用于实际工程的强度和质量控制。

水泥混凝土抗压强度试验

(1)试验目的。

通过水泥混凝土抗压强度试验，以确定混凝土强度等级，作为评定混凝土品质的重要指标。

(2)试验仪器。

能够满足混凝土加载质量要求的压力机或万能试验机，金属直尺。

(3)试验方法与步骤。

将养护到指定龄期的混凝土试件取出，擦除表面水分，检查测量试件外观尺寸，看是否有几何形状变形。试件如有蜂窝缺陷，可以在试验前三天用水泥浆填补修整，但需在报告中加以说明。

以成型时的侧面作为受压面,将混凝土置于压力机中心并使位置对中。施加荷载时,对于强度等级小于 C30 的混凝土,加载速度为 0.3~0.5MPa/s;对于强度等级大于或等于 C30 且小于 C60 的混凝土,加载速度为 0.5~0.8MPa/s;对于强度等级大于或等于 C60 的混凝土,加载速度为 0.8~1.0MPa/s。当试件接近破坏而开始迅速变形时,应停止调整试验机的油门,直到试件破坏,记录破坏时的极限荷载。

(4)试验结果计算。

水泥混凝土抗压强度通过式(5-8)计算:

$$f_{cu} = k \cdot \frac{F_{max}}{A_0} \tag{5-8}$$

式中:f_{cu}——水泥混凝土抗压强度,MPa;

F_{max}——极限荷载,N;

A_0——试件受压面积,mm²;

k——尺寸换算系数。

评价混凝土抗压强度时除采用立方体试件之外,还可采用圆柱体或者棱柱体试件。在试件高度大于宽度时,由于试件在试验中受到夹具的摩擦较小,更接近实际受力情况,其强度值一般比立方体抗压强度略小。

2)抗弯拉强度(f_{cp})

将混凝土制成 150mm×150mm×550mm(或 600mm)的直角棱柱小梁试件,按照规定的养护方法养护到 28d 龄期。采用三分点加荷方式进行试验,测得混凝土的抗弯拉强度(MPa)。该强度对道路和机场跑道有着重要意义,因为这种路面混凝土结构物对承受弯拉荷载作用有很高的要求,所以在进行路面和机场跑道混凝土结构设计或质量控制时,要采用抗弯拉强度作为设计控制指标,抗压强度作为参考强度指标。表5-2 列出了不同道路交通荷载等级对水泥混凝土抗弯拉强度的要求,表5-3 列出了道路水泥混凝土抗弯拉强度与抗压强度之间的关系。

混凝土路面设计强度标准值   表5-2

交通荷载等级	极重、特重、重	中等	轻
水泥混凝土抗弯拉强度标准值(MPa)	≥5.0	4.5	4.0

道路水泥混凝土抗弯拉强度与抗压强度的关系   表5-3

抗弯拉强度(MPa)	4.0	4.5	5.0	5.5
抗压强度(MPa)	25.0	30.0	35.5	40.0

(1)试验目的。

混凝土抗弯拉强度,又称抗折强度,是混凝土主要力学指标之一,通过试验取得的检测结果可作为路面混凝土设计的重要参数。

(2)试验仪器设备。

万能试验机或测力范围为 50~300kN 的抗折机。抗折加载试验装置由双点加载压头和活动支座组成。

(3)试验方法与步骤。

①将达到规定龄期的抗折试件取出,擦干表面,检查试件,如发现试件中部 1/3 长度内有蜂窝等缺陷,则该试件废弃。

②从试件一端量起,分别在距端部 50mm、200mm、350mm 和 500mm 处画出标记,分别作为支点(50mm 和 500mm 处)以及加载点(200mm 和 350mm 处)的具体位置。

③调整万能试验机上两个可移动支座,使其准确对准试验机下压头中心点,距离两侧各 225mm,随后紧固支座。将抗折试件放在支座上,且侧面朝上。施加荷载时应保持荷载均匀、连续。当混凝土的强度等级小于 C30 时,加载速度为 0.02~0.05MPa/s;当混凝土的强度等级大于或等于 C30 且小于 C60 时,加载速度为 0.05~0.08MPa/s;当混凝土的强度等级大于或等于 C60 时,加载速度为 0.08~0.10MPa/s。试件接近破坏而开始迅速变形时,应停止调整试验机的油门,直至试件破坏。

(4)试验结果计算。

水泥混凝土抗弯拉强度通过式(5-9)计算:

$$f_{cf} = \frac{FL}{bh^2} \tag{5-9}$$

式中:f_{cf}——抗弯拉强度,MPa;

F——极限荷载,N;

L——支座间距(450mm);

b、h——试件的宽度和高度(标准尺寸均为 150mm)。

5.2.2 强度等级

进行结构设计时,混凝土各种力学强度的标准值均可由抗压强度等级经过换算得出,强度等级是各种力学强度标准值的基础。

1)立方体抗压强度标准值($f_{cu,k}$)

立方体抗压强度标准值是指按标准方法制作和养护的边长为 150mm 的立方体试件,到 28d 龄期时,采用标准试验方式测得的抗压强度总体分布中的一个值,要求混凝土抗压强度低于标准值的概率不超过 5%(即具有 95% 保证率的抗压强度),以 MPa(N/mm^2)计。可见,混凝土抗压强度 f_{cu} 与抗压强度标准值 $f_{cu,k}$ 的区别在于标准值并不是一个简单的平均结果,而是引入了保证率概念,涉及数理统计分析过程,从而能够更加准确地反映混凝土强度结果的整体状况。

2)混凝土强度等级

根据立方体抗压强度标准值来确定强度等级,用符号"C"和"立方体抗压强度标准值"两项内容表示。如 C30 表示混凝土的立方体抗压强度标准值 $f_{cu,k}$ 不低于 30MPa。我国现行规范将混凝土立方体抗压强度等级设定为 14 个:C15、C20、C25、C30、C35、C40、C45、C50、C55、C60、C65、C70、C75、C80。

5.2.3 影响混凝土强度的因素

影响混凝土强度的因素很多,主要有组成原材料的影响,包括原材料的特征和各材料之间的组成比例等内因,以及养护条件和试验测试条件等外因。

1) 水泥强度和水灰(胶)比

水泥强度是影响混凝土强度的最直接因素。试验表明,水泥的强度愈高,则水化反应后形成的水泥石强度就愈高,从而配制的混凝土强度也就愈高。当水泥的强度确定时,混凝土的强度主要取决于水灰(胶)比的大小,在一定范围内混凝土强度随水灰(胶)比的减少而有规律地提高。

2) 集料特性

(1) 形状。

采用碎石拌制的混凝土,其形成的强度要比采用卵石拌制的混凝土的强度高,但在相同的用水量情况下,其流动性相对较低。这是因为集料表面粗糙和棱角较多,使碎石在提高与水泥及其水化产物的黏附性和胶结程度的同时,也加大了拌合物内部的摩擦阻力。由于针片状颗粒给施工带来不利影响,并引起混凝土孔隙率的增大,所以混凝土用粗集料要限制针片状颗粒含量。

(2) 最大粒径。

粗集料的最大粒径对混凝土抗压强度和抗折强度均有影响。随着粗集料粒径的增大,一方面单位用水量相应减少,在固定的用水量和水灰比条件下,可获得较好的工作性,或因减小水灰比而提高混凝土的强度和耐久性;另一方面集料与水泥浆接触的总面积会减小,使界面强度降低,振捣密实程度的降低还会影响混凝土强度的形成。所以粗集料最大粒径的增加,将给混凝土强度带来双重影响。其中,对混凝土抗折强度的不利影响要比对抗压强度的不利影响更大一些。

(3) 浆集比。

混凝土中水泥浆的体积和集料体积之比称为浆集比,该比值对混凝土的强度也有一定的影响。在水灰(胶)比相同的条件下,达到最佳浆集比后,混凝土的强度随着混凝土浆集比的增加而降低。

(4) 养护条件。

养护过程中湿度、温度和龄期是影响混凝土强度形成的主要因素。混凝土在潮湿环境下养护形成的强度要远高于在干燥环境下形成的强度。因此,为了使混凝土正常硬化,促进强度的形成和提高,应创造和维持一定的潮湿环境。特别是在夏季,由于气温较高,水分蒸发迅速,更要特别注意经常补水养护。

确保一定的养护温度是混凝土强度形成的又一必要条件。如果混凝土养护温度过低甚至降至冰点以下,水泥的水化反应停止,使得混凝土的强度不再提高,甚至会因冰冻作用造成混凝土强度的损失。所以在相同湿度条件下,适当提高养护温度,有利于混凝土强度的提高。

在标准养护条件下,混凝土强度与龄期之间有较好的相关性,在对数坐标上呈直线关系。可利用这种相关性,根据早期结果来推算混凝土后期强度。

(5) 试验条件。

试验时试件尺寸、试件的湿度和温度、支承状况和加载方式等都会影响同一混凝土最终强度结果。例如,同样的压力试验,尺寸愈小的试件测得的强度值就会愈高,因此不同尺寸抗压试件测得的结果要采用不同系数加以修正。又例如,加载速率也会对强度结果产生直接影响,加载速率越高,测得的强度值也会越高,造成一种被测试件能够有更高的承受荷载能力的假象。

习题

5.1　土的击实性在工程中有何意义?
5.2　简述击实试验的原理。
5.3　简述室内击实试验的适用范围。
5.4　简述轻型击实和重型击实的适用范围。
5.5　击实法中干样的制备方法有哪些?
5.6　土的击实特性有哪些?
5.7　影响击实的主要因素包括哪些?
5.8　混凝土最主要的力学性质是什么?
5.9　我国现行规范将混凝土立方体抗压强度设定为哪几个等级?
5.10　集料的最大粒径对混凝土强度起什么作用?
5.11　浆集比指什么?

本章参考文献

[1] 中华人民共和国交通运输部.公路工程质量检验评定标准　第一册　土建工程:JTG F80/1—2017[S].北京:人民交通出版社股份有限公司,2018.

[2] 中华人民共和国交通运输部.公路土工试验规程:JTG 3430—2020[S].北京:人民交通出版社股份有限公司,2020.

[3] 中华人民共和国交通运输部.公路路基施工技术规范:JTG/T 3610—2019[S].北京:人民交通出版社股份有限公司,2019.

[4] 中华人民共和国交通运输部.公路工程水泥及水泥混凝土试验规程:JTG 3420—2020[S].北京:人民交通出版社股份有限公司,2021.

[5] 中华人民共和国住房和城乡建设部.普通混凝土配合比设计规程:JGJ 55—2011[S].北京:中国建筑工业出版社,2011.

[6] 中华人民共和国交通运输部.公路桥涵施工技术规范:JTG/T 3650—2020[S].北京:人民交通出版社股份有限公司,2020.

第3篇

路基路面检测技术篇

第6章 压实度检测技术

通过本章的学习,了解多种目前应用比较广泛的路面压实度检测技术,掌握其基本操作方法,熟悉各种检测方法的检测原理,以及各方法的相关计算公式及计算方法。

碾压是路基路面施工中非常重要的环节,路基压实质量与路基路面的强度、刚度、稳定性密切相关,可以说压实度是路基路面施工质量检验的基础。

6.1 概述

对于路基土、粒料类基层(底基层),无机结合料稳定类基层(底基层),压实度是筑路材料压实后干密度与标准最大干密度之比,以百分率表示。标准最大干密度需要在施工前通过室内重型击实试验或振动压实试验获得。

基层干密度检测目前常用的方法有挖坑灌砂法、钻芯法、无核密度仪法、压实沉降差法等。早些年,核子密度法也有一定的应用,但因其有放射性,国内现已较少采用。

6.2 挖坑灌砂法检测技术

挖坑灌砂法测定路面压实度的基本原理:在压实层挖取出相应材料,烘干,获得挖出材料的干质量;将密度确定的砂灌入取出材料的坑中,以置换坑的体积,从而得到压实材料的干密度,进而计算出对应的压实度。

挖坑灌砂法适用于在现场测定基层(或底基层)、砂石路面及路基土的各种材料压实层的密度和压实度,但不适用于填石路堤等有大孔洞或大孔隙的路基层压实度检测。

挖坑灌砂法是施工过程中现场测试常用的试验方法之一,是标准方法。此方法表面上看颇为简单,但较依赖操作人员的经验,使用该方法时应注意这一点。

灌砂法测定路基压实度试验

6.2.1 仪具与材料技术要求

(1)灌砂设备:包括灌砂筒、标定罐和基板(图6-1)。

①灌砂筒:金属材质,主要尺寸应符合表6-1的规定。灌砂筒上部为储砂筒,下部为圆锥体漏斗,筒底与漏斗顶端铁板之间设有开关。在测试前,应根据填料最大粒径及测试层厚度选择不同尺寸类型的灌砂筒,并符合表6-2的规定。

②标定罐:金属材质,上端有罐缘,主要尺寸应符合表6-1的规定。

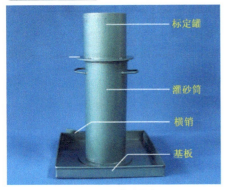

图6-1 灌砂设备

③基板:金属材质的方盘,盘中心有一圆孔,主要尺寸应符合表6-1的规定。

灌砂设备主要尺寸要求一览表　　　　表6-1

灌砂设备类型			小型灌砂设备	中型灌砂设备	大型灌砂设备
灌砂筒	储砂筒	直径(mm)	100	150	200
		容积(cm^3)	2121	4771	8482
	流砂孔	直径(mm)	10	15	20
标定罐	金属标定罐	内径(mm)	100	150	200
		外径(mm)	150	200	250
基板	金属方盘基板	边长(mm)	350	400	450
		深度(mm)	40	50	60
	中孔	直径(mm)	100	150	200
	板厚	厚度(mm)	≥1.0(铁)	≥1.0(铁)	≥1.0(铁)
			≥1.2(铝合金)	≥1.2(铝合金)	≥1.2(铝合金)

灌 砂 筒 类 型　　　　表6-2

灌砂筒类型	填料最大粒径(mm)	适宜的测试层厚度(mm)
φ100mm	<13.2	≤150
φ150mm	<31.5	≤200
φ200mm	<63	≤300
φ250mm 及以上	≤100	≤400

注:路基填料粒径超过100mm的,应采用其他方法测试压实度;当挖坑过程中存在超过规范规定粒径10%的填料时,应另在附近选点重做。试验过程中若发现储砂筒内砂不足以填满试坑,说明灌砂筒尺寸过小,应选择较大尺寸的灌砂筒重做试验,而不应在试验过程中添加量砂。

(2)玻璃板:边长 500~600mm 的方形板。

(3)试样盘和铝盒:小筒挖出的试样可用铝盒存放,大筒挖出的试样可用 300mm×500mm×40mm 的搪瓷试样盘存放。

(4)天平或台秤:称重 10~15kg,感量不大于 1g,用于含水率测试时,细粒土、中粒土、粗粒土的分度值宜分别为 0.01g、0.1g、1.0g。

(5)含水率测定设备:如铝盘、烘箱、微波炉等。

(6)量砂:粒径 0.3~0.6mm 清洁、干燥的砂,质量 20~40kg。使用前须洗净、烘干,筛分至符合要求并放置 24h 以上,使其与空气的湿度达到平衡。

(7)盛砂的容器:塑料桶等。

(8)温度计:分度值不大于 1℃。

(9)其他:凿子、螺丝刀、铁锤、长把勺、长把小簸箕、毛刷等。

6.2.2 测试方法与步骤

1)准备工作

按照有关标准和规程对结构层填料进行击实试验,得到大干密度(ρ_c),并按照表 6-1 规定选用适宜规格的灌砂设备,按相应规范标定灌砂筒下部圆锥体内砂的质量。

按照《公路土工试验规程》(JTG 3430—2020)及式(6-1)标定量砂的松方密度 ρ_s:

$$\rho_s = \frac{m_a}{V} \tag{6-1}$$

式中:m_a——标定罐中砂的质量,g;
ρ_s——量砂的松方密度,g/cm³;
V——标定罐的体积,cm³。

按式(6-2)计算填满标定罐所需砂的质量:

$$m_a = m_1 - m_2 - m_3 \tag{6-2}$$

式中:m_a——标定罐中砂的质量,g;
m_1——装入储砂筒内砂的质量,g;
m_2——灌砂筒下部圆锥体内砂的质量,g;
m_3——将砂灌入标定罐后,储砂筒内剩余砂的质量,g。

重复上述测量三次,取其平均值。

2)测试步骤

(1)在检测地点,选一块平坦表面,将其清扫干净,清扫面积不得小于基板面积。

(2)将基板放在平坦表面上。当表面的粗糙度较大时,将盛有量砂(m_1)的灌砂筒放在基板中孔上,做好基板位置标识。将灌砂筒的开关打开,让砂流入基板中孔内,直到储砂筒内的砂不再下流时关闭开关。取下灌砂筒,并称量储砂筒内砂的质量(m_5),准确至 1g。

3)注意事项

(1)取走基板时,应收回留在试验地点未混入杂质的量砂,重新将表面清扫干净。

(2)将基板放回原处并固定,沿基板中孔凿洞(洞的直径与灌砂筒直径一致)。试洞的深度应等于测试层厚度,但不得有下层材料混入。称取洞内材料质量 m_w,准确至 1g。

(3)从挖出的全部材料中取有代表性的试样,放在铝盒或洁净的搪瓷盘中,按照《公路土工试验规程》(JTG 3430—2020)的有关规定测试其含水率(w)。单组取样量如下:用小灌砂筒测试时,对于细粒土,不少于 100g;对于各种中粒土,不少于 500g。用中灌砂筒测试时,对于细粒土,不少于 200g;对于各种中粒土,不少于 1000g;对于粗粒土或水泥、石灰、粉煤灰等无机结合料稳定材料,宜将取出的材料全部烘干,且不少于 2000g,称其质量(m_d)。用大型灌砂筒测试时,宜将取出的材料全部烘干,称其质量(m_d)。

(4)储砂筒内放满砂到要求质量 m_1,将基板安放在试坑原位上。灌砂筒安放在基板中间,下口对准基板中孔,打开灌砂筒开关,让砂流入试坑内。在此期间,不应碰灌砂筒,直到储砂筒内的砂不再下流时,关闭开关。取走灌砂筒,并称量储砂筒内剩余砂的质量(m_4),准确至 1g。

(5)如清扫干净的平坦表面粗糙度不大,也可省去(2)和(3)的操作。在试洞挖好后,将灌砂筒直接对准试坑,中间不需要放基板。打开灌砂筒开关,让砂流入试坑内。在此期间,不应碰灌砂筒,直到储砂筒内的砂不再下流时,关闭开关。取走灌砂筒,并称量储砂筒内剩余砂的质量(m_4'),准确至 1g。

6.2.3　计算方法

(1)按式(6-3)或式(6-4)计算填满试坑所用砂的质量。灌砂时,试坑上放有基板:

$$m_b = m_1 - m_4 - (m_1 - m_5) \tag{6-3}$$

灌砂时,试坑上不放基板:

$$m_b = m_1 - m_4' - m_2 \tag{6-4}$$

式中:m_b——填满试坑砂的质量,g;

m_1——灌砂前灌砂筒内砂的质量,g;

m_2——灌砂筒下部圆锥体内砂的质量,g;

m_4、m_4'——灌砂后,储砂筒内剩余砂的质量,g;

$m_1 - m_5$——灌砂筒下部圆锥体内及基板和粗糙表面间砂的合计质量,g。

(2)按式(6-5)计算试坑材料的湿密度:

$$\rho_w = \frac{m_w}{m_b} \cdot \rho_s \tag{6-5}$$

式中:ρ_w——试坑材料的湿密度,g/cm³;

m_w——试坑中取出的全部材料的质量,g;

ρ_s——量砂的松方密度,g/cm³。

(3)按式(6-6)计算试坑材料的干密度:

$$\rho_d = \frac{\rho_w}{1 + 0.01w} \tag{6-6}$$

式中:ρ_d——试坑材料的干密度,g/cm³;

w——试坑材料的含水率,%。

(4)当为水泥、石灰、粉煤灰等无机结合料稳定材料时,可按式(6-7)计算密度:

$$\rho_d = \frac{m_d}{m_b} \cdot \rho_s \qquad (6-7)$$

式中:ρ_d——水泥、石灰、粉煤灰等无机结合料稳定材料的密度,g/cm³;

m_d——试坑中取出的稳定土的烘干质量,g。

(5)按式(6-8)计算施工压实度 K:

$$K = \frac{\rho_d}{\rho_c} \times 100 \qquad (6-8)$$

式中:ρ_d——试坑材料的干密度,g/cm³;

ρ_c——由击实等试验得到的大干密度,g/cm³。

6.3 钻芯法检测技术

钻芯法检测技术适用于测试从压实的沥青路面上钻取沥青混合料芯样的密度,通过测定混合料试样的毛体积密度与标准密度之比来计算压实度。这种方法具有科学、直观、实用等特点,在沥青路面压实度检测方面应用较广。因该方法为半破损检测方法,其应用受到一定限制,一般将该方法与其他快速无损检测方法结合使用。

6.3.1 测试方法与步骤

6.3.1.1 准备工作

(1)取芯机钻头直径宜大于集料最大粒径的 3 倍,确保所取芯样直径不小于 100mm。

(2)确定路段。可以是一个作业段、一天完成的路段,或按相关规范的规定选取一定长度的检查路段。

(3)在施工现场取芯前,选择一块平整的路段,采用人工加压的方法,压入路基土层中。

(4)将取样位置清扫干净。

6.3.1.2 取样步骤

(1)根据目的和需要确定切割路面的面积,在取样地点的路面上,对钻孔位置作出标记。

(2)用取芯机垂直对准路面钻孔位置,放下钻头,牢固安放,确保取芯机在运转过程中无法移动。

(3)开放冷却水,启动马达,徐徐压下钻杆,钻取芯样。待钻透全厚度后,上抬钻杆,拔出钻头,停止转动,保证芯样不损坏,取出芯样。沥青混合料芯样及水泥混凝土芯样可用清水漂洗干净后备用。当因试验需要不能用水冷却时,应采用干钻孔,此时为保护钻头,可先取约 3kg 的干冰放在取样位置上,将路面冷却约 1h。

(4)路面混合料试样应整层取样,试样应完整。将钻取的芯样妥善盛放于盛样器中,必要时用塑料袋封装。

(5)填写样品标签,一式两份,一份粘贴在试样上,另一份作为记录备查。

(6)用棉纱等材料吸走取样时留下的水分,待干燥后,用同类型材料对钻孔的路面坑洞进行填补压实。

(7)当一次钻孔取得的芯样含有不同层位的沥青混合料时,应根据结构组合情况用切割机将芯样沿各层结合面锯开,分层进行测试。

(8)钻孔取样应在路面完全冷却后进行,对普通沥青路面通常在第二天取样,对改性沥青及SMA路面宜在第三天以后取样。

6.3.1.3 测试试件密度

(1)将钻取的试件放入水中,用毛刷轻轻刷净黏附的粉尘。如试件边角有浮松颗粒,应仔细清除。

(2)将试件晾干或用电风扇吹干,干燥时间不少于24h,直至恒重。

(3)按《公路工程沥青及沥青混合料试验规程》(JTG E20—2011)的沥青混合料试件密度试验方法测试试件密度 ρ_s。通常情况下,采用表干法测试试件的毛体积相对密度;对吸水率大于2%的试件,宜采用蜡封法测试试件的毛体积相对密度;对吸水率小于0.5%的特别致密的沥青混合料,在进行施工质量检验时,允许采用水中重法测试表观相对密度。

6.3.1.4 测试标准密度

根据《公路沥青路面施工技术规范》(JTG F40—2004)的规定,确定标准密度。

6.3.2 计算方法

(1)当计算压实度的标准密度采用试验室实测的马歇尔击实试验密度或试验路段钻孔取样密度时,沥青面层的压实度 K 按式(6-9)计算。

$$K = \frac{\rho_s}{\rho_0} \times 100 \tag{6-9}$$

式中:ρ_s——沥青混合料芯样试件的实测密度,g/cm³;

ρ_0——沥青混合料的标准密度,g/cm³。

(2)当计算压实度的标准密度采用最大理论密度时,沥青面层的压实度 K 按式(6-10)计算。

$$K = \frac{\rho_s}{\rho_t} \times 100 \tag{6-10}$$

式中:ρ_t——沥青混合料的最大理论密度,g/cm³。

(3)计算压实度平均值 $\overline{K}$、标准差 S、变异系数 C_v、代表值。

①压实度平均值、标准差、变异系数分别按式(6-11)~式(6-13)计算。

$$\overline{K} = \frac{\sum K_i}{N} \tag{6-11}$$

$$S = \sqrt{\frac{\sum_{i=1}^{N}(K_i - \overline{K})^2}{N-1}} \tag{6-12}$$

$$C_v = \frac{S}{\overline{K}} \times 100 \tag{6-13}$$

式中:K_i——第 i 个测点的实测压实度值;

N——一个测试路段内的测点数;

$\overline{K}$——一个测试路段内实测压实度值的平均值；

S——一个测试路段内实测值的标准差；

C_v——一个测试路段内实测值的变异系数,%。

②代表值计算。

计算一个测试路段的代表值时，采用单侧测试及采用双侧测试，其计算方式有差异。采用单侧测试时按式(6-14)计算，采用双侧测试时按式(6-15)计算。

$$K' = \overline{K} \pm S \frac{t_\alpha}{\sqrt{N}} \qquad (6\text{-}14)$$

$$K' = \overline{K} \pm S \frac{t_{\alpha/2}}{\sqrt{N}} \qquad (6\text{-}15)$$

式中：K'——一个测试路段内实测值的压实度代表值；

t_α、$t_{\alpha/2}$——t 分布表中随自由度$(N-1)$和置信水平α(保证率)而变化的系数，相应的 $t_{\alpha/2}/\sqrt{N}$ 及 $t_\alpha/\sqrt{N}$ 取值见表6-3。

$t_{\alpha/2}/\sqrt{N}$ 及 $t_\alpha/\sqrt{N}$ 取值 表6-3

测点数 N	双边置信水平的 $t_{\alpha/2}/\sqrt{N}$		双边置信水平的 $t_\alpha/\sqrt{N}$	
	保证率95%	保证率90%	保证率95%	保证率90%
	$\alpha/2$	$\alpha/2$	α	α
2	8.985	4.465	4.465	2.176
3	2.484	1.686	1.686	1.089
4	1.591	1.177	1.177	0.819
5	1.242	0.953	0.953	0.686
6	1.049	0.823	0.823	0.603
7	0.925	0.716	0.716	0.544
8	0.836	0.670	0.670	0.500
9	0.769	0.620	0.620	0.466
10	0.715	0.580	0.580	0.437
11	0.672	0.546	0.546	0.414
12	0.635	0.518	0.518	0.392
13	0.604	0.494	0.494	0.376
14	0.577	0.473	0.473	0.361
15	0.554	0.455	0.455	0.347
16	0.533	0.436	0.436	0.335
17	0.514	0.423	0.423	0.324
18	0.497	0.410	0.410	0.314
19	0.482	0.398	0.398	0.304
20	0.468	0.387	0.387	0.297
21	0.454	0.376	0.376	0.289

续上表

测点数 N	双边置信水平的 $t_{\alpha/2}/\sqrt{N}$		双边置信水平的 $t_\alpha/\sqrt{N}$	
	保证率95%	保证率90%	保证率95%	保证率90%
	$\alpha/2$	$\alpha/2$	α	α
22	0.443	0.367	0.367	0.282
23	0.432	0.358	0.358	0.275
24	0.421	0.350	0.350	0.269
25	0.413	0.342	0.342	0.264
26	0.404	0.335	0.335	0.258
27	0.396	0.328	0.328	0.253
28	0.388	0.322	0.322	0.248
29	0.380	0.316	0.316	0.244
30	0.373	0.310	0.310	0.239
40	0.320	0.266	0.266	0.206
50	0.284	0.237	0.237	0.184
60	0.258	0.216	0.216	0.167
70	0.238	0.199	0.199	0.155
80	0.223	0.186	0.186	0.145
90	0.209	0.277	0.173	0.136
100	0.198	0.166	0.166	0.129

当无特殊规定时,可疑数据的舍弃宜按照 k 倍标准差作为舍弃标准,即在资料分析中,舍弃在 $K \pm kS$ 范围以外的实测值,然后重新计算整理。当试验数据 N 为3、4、5、6时,k 值分别取1.15、1.46、1.67、1.82,当 N 大于或等于7时,k 值宜采用3。

6.4 无核密度仪检测技术

6.4.1 概述

无核密度仪包括两种,一种为土壤无核密度仪,另一种为沥青无核密度仪。两种无核密度仪的检测原理基本相同,都是利用发射的电磁波在材料中的能量吸收和损耗来检测材料的密度。由于空气的介电常数小于材料中其他成分的介电常数,随着压实和空气的排出,材料整体的介电常数呈现增长的趋势。由此原理可知,无核密度仪可用于压实度的检测,特别是沥青混凝土材料压实度的检测。

由于不同的集料、沥青的介电常数不同,而且配合比、含水率发生变化时,沥青混合料的介电特性都会表现出一定的差异性,因此,采用无核密度仪时,标定是非常重要的一环。同时,基于无核密度仪检测原理的间接性,测试结果不宜用于评定验收。

6.4.2 仪具及准备

检测采用无核密度仪,应配有标准密度块供无核密度仪自校时使用。

所测定沥青面层的层厚应不大于该仪器性能探测的最大深度。在进行沥青混合料压实层密度测定前,应用无核密度仪对钻孔取样的试件进行标定,通过相关性试验检验,确认其可靠性。

6.4.3 测试步骤

(1)在施工现场取芯前,选择一块平整的路段,采用人工加压的方法,将四根定位销钉压入路基土层中。按规定的方法确定测试位置,与距路面边缘或其他物体的最小距离不得小于30cm,且保持表面干燥。

(2)把无核密度仪平稳地置于测试位置上,保证仪器不晃动。当路表结构凸凹不平时,可用细砂填平测试位置的空隙,使路表面平整,能与仪器紧密接触。

(3)按照仪器操作要求,进行检查、参数设置等工作,并注意材料表面湿度不超过规定的范围。

(4)按照仪器操作要求进行测试,得到原始数据 ρ_d;当采用相关性公式时,将显示原始数据代入相关性公式,计算实测密度 ρ_d。

6.4.4 压实度计算

压实度按照式(6-16)进行计算。

$$K = \frac{\rho_d}{\rho_0} \times 100 \tag{6-16}$$

式中:ρ_d——沥青混合料的实测密度,g/cm³;

ρ_0——沥青混合料的标准密度,g/cm³。

对测试路段,计算压实度平均值、标准差以及变异系数及代表值。

6.4.5 相关性试验

6.4.5.1 试验步骤

1)路段选择

(1)选择长度不短于200m的试验路段。

(2)对同样的路面厚度、配合比设计、碾压遍数、松铺厚度、机械组合及压实度标准的路面结构,应确定不少于15处。对同样的路面厚度、配合比设计、松铺厚度及机械组合,不同的压实度标准的路面结构,应确定不少于10处。

2)试验步骤

(1)每处测试位置按照图6-2所示确定5个点位,使用无核密度仪,按照6.4.3节中的步骤(2)~(4)对各测点进行测试,选择平均读

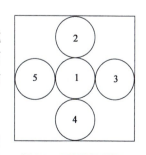

图6-2 五点法示意图

取模式依次读取并记录显示的密度、湿度和温度等数值,取密度平均值作为该处密度测试结果。

(2)在每一处测试位置钻取芯样,按照6.3节规定的方式进行压实度测试。

3)数据处理

(1)对同样的路面厚度、配合比设计、碾压遍数、松铺厚度、机械组合及压实度标准的路面结构,计算每处测试位置的密度偏差值 $\Delta\rho_i$,即无核密度仪测值与钻芯法测值的差值,并计算所有测试位置的平均偏差值作为修正值 Δ。

(2)对同样的路面厚度、配合比设计、松铺厚度及机械组合,不同的压实度标准的路面结构,按照6.4.5.2节方法进行回归分析,得到的相关系数 R 应不小于0.9。

(3)当采用回归公式时,需对无核密度仪示值进行计算处理。

6.4.5.2 回归分析

一般采用最小二乘法对两组试验数据进行线性回归分析。把需回归的数据设为 y(如上述干密度),测试数据设为 x(如无核密度仪的原始测试值),则回归方程为

$$y = ax + b \tag{6-17}$$

式中:a、b——回归系数。

根据标定(或相关性试验)数据点 x_i、y_i(钻芯法得到的干密度):

(1)计算 x_i、y_i 的均值 $\bar{x}$、$\bar{y}$;

(2)计算:

$$a = \frac{\sum_{i=1}^{N}(x_i - \bar{x})(y_i - \bar{y})}{\sum_{i=1}^{N}(x_i - \bar{x})^2} \tag{6-18}$$

$$b = \bar{y} - a\bar{x} \tag{6-19}$$

$$R = \frac{\sum_{i=1}^{N}(x_i - \bar{x})(y_i - \bar{y})}{\sqrt{\sum_{i=1}^{N}(x_i - \bar{x})^2 \cdot \sum_{i=1}^{N}(y_i - \bar{y})^2}} \tag{6-20}$$

6.5 压实沉降差检测技术

6.5.1 概述

在实际填石路堤填筑施工中,填筑体经压实后的强度达到一定值后,在荷载达到标准量的情况下,填石路堤的沉降变化量就会小于某个数值。当压实层的沉降量达到稳定,填石路堤就达到了密实的状态,因此,可将压实前后的沉降差值作为控制指标。

压实沉降差检测技术适用于通过测量土石路堤或填石路堤碾压过程中的沉降变化量,结合施工工艺参数,测试土石路堤或填石路堤的压实程度。

6.5.2 仪具与材料技术要求

(1)振动压路机:自重 20t 以上。
(2)水准仪、钢卷尺、铁锤、铁铲等。

6.5.3 测试方法及步骤

6.5.3.1 准备工作

(1)在路基碾压施工前,选取试验路段。
(2)沿道路纵向每隔 20m 作为一个观测断面,每个观测断面沿横断面方向每隔 5~10m 均匀布设沉降观测点,每个沉降观测点位上埋放一固定物(一般为钢球),确保施工和测试过程中水平方向位置不变。
(3)按照既定的碾压机械组合和工艺参数进行施工,以往返一次计为一遍,至测试路段无明显碾压轮迹时停止。

6.5.3.2 测试步骤

(1)路基碾压施工完成后,将振动压路机停放在测试路段前 20m 处,启动振动压路机,并调至强振挡位。
(2)振动压路机以不大于 4km/h 的速度对测试路段进行碾压,以往返一次计为一遍。
(3)碾压结束后,用水准仪逐点测量固定物顶面高程 $h_{i1}, h_{i2}, \cdots, h_{ij}$,准确至 0.1mm;
(4)重复步骤(2)~(3),测得固定物顶面高程 $h_{(i+1)1}, h_{(i+1)2}, \cdots, h_{(i+1)j}, \cdots, h_{(i+n)1}, h_{(i+n)2}, \cdots, h_{(i+n)j}$,准确至 0.1mm。
(5)随机选取有代表性的区域,根据需要测试材料干密度,回收固定物,记录新的工艺参数,用与测试段相同的材料回填并进行终压。

6.5.4 计算

(1)按照式(6-21)计算第 i 遍和第 $i+1$ 遍的沉降差 $\Delta h_{i(i+1)j}$。

$$\Delta h_{i(i+1)j} = h_{(i+1)j} - h_{ij} \tag{6-21}$$

式中:$\Delta h_{i(i+1)j}$——第 j 个固定物在第 i 遍和第 $i+1$ 遍的沉降差,准确至 0.1mm;
$h_{(i+1)j}$——第 j 个固定物在 $i+1$ 遍碾压结束后的顶面高程,准确至 0.1mm;
h_{ij}——第 j 个固定物在 i 遍碾压结束后的顶面高程,准确至 0.1mm;
i——碾压遍数,$i=1,2,\cdots,n$。

(2)按照式(6-22)计算第 i 遍和第 $i+1$ 遍的沉降差的平均值 $\Delta \bar{h}_{i(i+1)}$:

$$\Delta \bar{h}_{i(i+1)} = \frac{\sum_{j=1}^{n} \Delta h_{i(i+1)j}}{n} \tag{6-22}$$

式中:$\Delta \bar{h}_{i(i+1)}$——第 i 遍和第 $i+1$ 遍的沉降差的平均值,准确至 0.1mm。

(3)按照式(6-23)计算第 i 遍和第 $i+1$ 遍的沉降差的标准差 $S_{i(i+1)}$：

$$S_{i(i+1)} = \sqrt{\frac{\sum_{j=1}^{n}\left[\Delta h_{i(i+1)j} - \Delta \overline{h}_{i(i+1)}\right]^2}{n-1}} \tag{6-23}$$

式中：$S_{i(i+1)}$——第 i 遍和第 $i+1$ 遍的沉降差的标准差，准确至0.1mm。

(4)按照《公路路基设计规范》(JTG D30—2015)附录计算孔隙率。

(5)参考本小节的方法，计算一个测试路段沉降差的平均值、标准差，并计算沉降差的代表值。

习题

6.1 挖坑灌砂法中灌砂筒的规格有哪几种？

6.2 挖坑灌砂法适用于哪种类型的压实度检测？

6.3 压实度的主要检测方法有哪些？简述各方法的适用范围及检测原理。

6.4 对某二级公路土方路基工程进行评定，测得某段压实度数值如表 6-4 所示，计算此评定段的压实度代表值 K'，并计算评定得分。($K_0 = 93\%$；保证率90%；$t_\alpha / \sqrt{12} = 0.392$；规定极值为88%)

某路段压实度测试结果一览表　　表6-4

测点编号	1	2	3	4	5	6
压实度(%)	98.0	95.2	97.3	93.5	92.4	95.1
测点编号	7	8	9	10	11	12
压实度(%)	93.2	92.5	93.6	97.8	92.4	93.6

本章参考文献

[1] 中华人民共和国交通运输部.公路工程质量检验评定标准　第一册　土建工程：JTG F80/1—2017[S].北京：人民交通出版社股份有限公司，2018.

[2] 中华人民共和国交通运输部.公路土工试验规程：JTG 3430—2020[S].北京：人民交通出版社股份有限公司，2020.

[3] 中华人民共和国交通运输部.公路路基路面现场测试规程：JTG 3450—2019[S].北京：人民交通出版社股份有限公司，2020.

[4] 吴新璇.混凝土无损检测技术手册[M].北京：人民交通出版社，2003.

[5] 解先荣.公共基础[M].北京：人民交通出版社股份有限公司，2018.

[6] 中华人民共和国交通运输部. 公路工程技术标准:JTG B01—2014[S]. 北京:人民交通出版股份有限公司,2014.

[7] 中华人民共和国国家质量监督检验检疫总局,中国国家标准化管理委员会. 数据的统计处理和解释正态样本离群值的判断和处理:GB/T 4883—2008[S]. 北京:中国标准出版社,2008.

第 7 章　路基路面力学性能检测技术

　　为了检验路基路面材料承载力是否达到设计要求,需要进行检测并评定。通过本章的学习,了解土基现场 CBR、承载板法、贝克曼梁法、落球仪法、落锤式弯沉仪法、自动弯沉仪法、激光式路面弯沉仪法等试验方法。这些方法虽然都用于路基路面承载力检测,但其原理、操作方法、测试范围和侧重点各有不同,需掌握每种方法的特性,更好地将其应用于现场检测。

7.1　概述

　　路基路面的承载能力是指在车辆荷载作用下路基路面结构抵抗变形的能力,目前评价路基承载力的主要指标为回弹模量和弯沉。
　　回弹模量为刚性指标(单位为 MPa 或 GPa),指筑路材料在荷载作用下产生的应力与其相应的回弹应变的比值,为材料的基本力学性能参数。通常,土基回弹模量表示土基在弹性变形阶段内,抵抗竖向变形的能力,在设计中还被用作强度指标。
　　弯沉为变形指标(单位取 0.01mm),一般指路基或路面表面在规定标准车的荷载作用下,轮隙位置产生的总垂直变形值(总弯沉)或垂直回弹变形值(回弹弯沉)。回弹弯沉指的是路基或路面在规定荷载作用下产生垂直变形,卸载后能恢复的那一部分变形。路面回弹弯沉,不仅反映路基路面结构的整体刚度和强度,还与路面的使用状态存在一定的内在联系。
　　弯沉值与荷载大小有关,所以需要固定荷载值,而回弹模量则只与材料本身的软硬有关。这两项指标的现场测试方法可分为静载法和动载法。

1) 静载法

最典型的为承载板法,此外还有土基现场 CBR 等。这类方法结果直观,精度和稳定性较好,但需要提供反力,测试过程复杂、效率低,难以大面积使用。

2) 动载法

典型的有落球仪法、落锤式弯沉仪法、自动弯沉仪法、激光式路面弯沉仪法等。这类方法不需要另外的反力设备,测试效率和自动化程度高。另外,这类方法测试原理相对更复杂,直观性、结果的稳定性稍差。此外,传统的贝克曼梁法由于测试结果离散性大,受提供荷载的卡车的参数制约,使用频率逐渐降低,且《公路路基设计规范》(JTG D30—2015)等规范已不再采用贝克曼梁法。

这里需要特别注意的是,同一参数有不同的测试方法,且弯沉与回弹模量还可相互换算。但由于测试原理、测试深度以及材料的应变范围等的不同,各类方法得到的数值相互之间有一定的差异,在一些情况下差异还可能较大。

7.2 回弹模量测试

7.2.1 承载板法

承载板法既适用于土基,也适用于现场级配碎(砾)石、沥青稳定碎石等柔性基层回弹模量的测试,属于静态回弹模量测试方法。

承载板法在现场土基表面,通过刚性承载板对土基逐级加载卸载的方式,测出每级荷载下相应的土基回弹变形,再根据弹性半空间体理论计算土基的回弹模量。

7.2.1.1 仪器设备

本试验使用的主要仪具包括反力装置、荷载装置、刚性承载板、贝克曼梁、百分表及其支架2套、计时装置。反力装置通常是载有铁块或集料等重物,后轴重不小于 60kN 的载重汽车,在汽车大梁的后轴之后设有一加劲横梁提供反力作用。荷载装置由千斤顶、测力计及球座组成。刚性承载板两端设有立柱和可以调整高度的支座。承载板测试装置如图 7-1 所示。其他工具包括水平尺、细砂、毛刷、垂球等。

7.2.1.2 操作步骤

(1) 测点应选择在水平的土基表面,经平整后,安置承载板,并用水平尺校正,使承载板处于水平状态。

(2) 将试验车置于测点上,在承载板上安放千斤顶,上面衬垫钢圆筒、钢板,并将球座置于顶部与加劲横梁接触;如用测力环时,应将测力环置于千斤顶与加劲横梁中间,千斤顶及衬垫物必须保持垂直,以免加压时千斤顶倾倒发生事故进而影响测试数据的准确性。将两台贝克曼梁的测头分别置于承载板立柱的支座上。

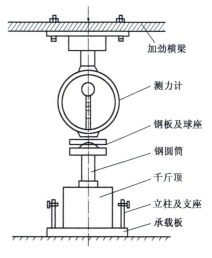

图 7-1 承载板测试装置示意图

（3）预压。用千斤顶开始加载，预加压到0.05MPa，稳压1min，使承载板与土基紧密接触，同时检查百分表的工作情况是否正常，然后放松千斤顶油门卸载，稳压1min后，将指针对零或记录初始读数。

（4）逐级加载卸载测试压力-变形曲线。用千斤顶加载，采用逐级加载卸载法，用压力表或测力环控制加载量，荷载小于0.1MPa时，每级增加0.02MPa，以后每级增加0.04MPa左右。为了使加载和计算方便，加载数值可适当调整为整数。每次加载至预定荷载(P)后，稳定1min，立即读取并记录两台贝克曼梁百分表数值，然后轻轻放开千斤顶油门卸载至0，待卸载稳定1min后，再次读数，每次加载后百分表不再调零。当两台贝克曼梁百分表读数之差小于平均值的30%时，取平均值。如超过30%，则应重新测试。当回弹变形值超过1mm时，即可停止加载。

（5）各级荷载的回弹变形和总变形，计算方法如下：

回弹变形 =（加载后读数平均值 – 卸载后读数平均值）× 贝克曼梁杠杆比

总变形 =（加载后读数平均值 – 加载前读数平均值）× 贝克曼梁杠杆比

（6）最后一次加载卸载循环结束后，取走千斤顶，重新读取百分表读数，然后将汽车开出10m以外，读取终读数，按下述方法计算总影响量a。

总影响量(a) =（百分表初读数平均值 – 百分表终读数平均值）× 贝克曼梁杠杆比

（7）在试验点取样，测试材料含水率。

（8）在紧靠试验点旁边的位置，用灌砂法或环刀法等测试土基的密度。

7.2.1.3 数据分析

（1）各级压力下的影响量a_i按式(7-1)计算：

$$a_i = \frac{(T_1 + T_2)\pi D^2 p_i}{4T_1 Q} \cdot a \tag{7-1}$$

式中：a_i——第i级压力的影响量，准确至0.01mm；

T_1——载重汽车前后轴距，m；

T_2——加劲横梁距后轴距离，m；

D——承载板直径，m；

p_i——第i级承载板压力，Pa；

Q——载重汽车后轴重，N；

a——总影响量，准确至0.01mm。

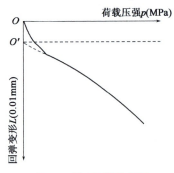

图7-2 修正原点示意图

（2）回弹变形计算值(L_i)为各级压力的回弹变形值加上该级的影响量。排除显著偏离的异常点，绘出顺滑的p-L曲线，见图7-2，如曲线起始部分出现反弯，应按图7-2所示修正原点位置O，O'为修正后的原点。

（3）按式(7-2)计算各级荷载下相应的土基回弹模量E_i值：

$$E_i = \frac{\pi D}{4} \cdot \frac{p_i}{L_i}(1 - \mu_0^2) \tag{7-2}$$

式中：E_i——第 i 级荷载下的土基回弹模量，MPa；

μ_0——土的泊松比，根据路面设计规范规定取用，当无规定时，非黏性土可取 0.30，高黏性土取 0.50，一般可取 0.35 或 0.40；

L_i——相对于荷载 p_i 时的第 i 级回弹变形计算值，cm。

(4) 取结束试验前的各级回弹变形计算值，按线性回归方法由式(7-3)计算土基回弹模量 E_0 值：

$$E_0 = \frac{\pi D}{4} \cdot \frac{\sum p_i}{\sum L_i}(1-\mu_0^2) \tag{7-3}$$

式中符号意义同前。

(5) 出具报告：应包含测试位置桩号、土基的含水率、密度、回弹变形、影响量及土基回弹模量等。

7.2.2 落球仪法

落球仪法适用于快速测试黏土、粉土、砂石土、砾石土土质路基的压缩模量和回弹模量，不适用于最大粒径超过 100mm 的土质路基模量测试。落球仪法属于动态回弹模量测试方法。

落球仪法基于赫兹(Hertz)接触理论，通过自由下落球体与路基、路床材料间的碰撞过程，根据接触时间等响应参数，推算材料的力学特性(回弹模量等)。

7.2.2.1 仪器设备

落球仪法使用的主要仪具包括碰撞装置、信号采集装置、限位支架、测试及解析软件等，其中碰撞装置由球体和把手组成，信号采集装置主要包含主机和传感器。落球仪结构示意图见图 7-3。

7.2.2.2 试验方法与步骤

(1) 选择测试区域，做好标记并编号，每车道 10～20m 设一测区，测区表面应无明显积水或潮湿现象、无明显碎石、相对均匀、土基面坡度小于 10°，附近无影响测试的振动、强电磁场等。

(2) 每测区至少包含 7 个测点，测点间距应大于 500mm，并避开明显的大粒径填料。测点布置可参考图 7-4。

(3) 设定测试参数：泊松比和修正系数，根据测试路段材料按表 7-1 选择。

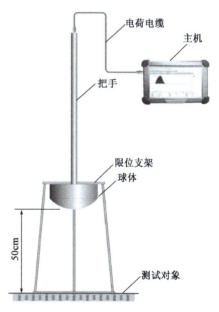

图 7-3 落球仪结构示意图

材料泊松比和修正系数　　　　　　表 7-1

材料	砾石土	砂土	粉土	黏土
泊松比 μ	0.20	0.30	0.35	0.40
修正系数 κ	0.66	0.85	0.90	1.00

(4)将落球放至测点区域,调节限位支架,保证球体底部距路面 0.5m。若不采用限位支架,则需要确定下落高度为 0.5m。

(5)提升落球至测试高度,然后松开把手,让球体做自由落体运动,主机自动记录波形数据。

(6)良好测试波形应近似为半个正弦波,如果测试波形噪声较大,可在测点表面铺一层报纸或塑料薄膜。

(7)确认数据有效后,保存数据。每点只测试一次,不能在同一位置重复测试。

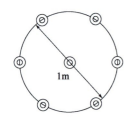

图 7-4 测点布置示意图

7.2.2.3 数据分析

(1)各测点的回弹模量。

根据测试得到的接触时间 T_c,便可求得各测点土体的回弹模量 E_i:

$$E_i = \frac{(1-\mu_2^2) \cdot m_1 E_1}{0.0719 E_1 \cdot \sqrt{R_1 v_0} \cdot T_c^{2.5} - m_1(1-\mu_1^2)} \tag{7-4}$$

式中:T_c——接触时间,s;

E_1——球体的杨氏模量,MPa;

m_1——下落球体的质量,kg;

R_1——下落球体的半径,m;

v_0——下落球体与半无限体材料碰撞时的速度,m/s;$v_0 = \sqrt{2gH}$,$g=9.80$m/s²,H 为球体的下落高度,m;

μ_1——球体的泊松比;

μ_2——测试材料的泊松比,从表 7-1 中选用。

(2)测区土的回弹模量。

按下式计算测区的回弹模量:

$$\widetilde{E} = \frac{N}{\sum_{i=1}^{N}(1/E_i)} \tag{7-5}$$

式中:$\widetilde{E}$——测区土的回弹模量,MPa;

N——测点数;

E_i——各测点土的回弹模量,MPa。

7.3 路面弯沉测试

路面弯沉可以反映路面整体的变形性能,其值越大,表明路面结构的塑性变形越大(刚度差),同时抗疲劳性能也差,难以承受重交通量。所以,弯沉是路面重要的设计指标,正确测试路面弯沉,对评价路面强度有很重要的作用。

路面弯沉的测试方法有很多,但其基本原理却大致相同。用冲击荷载(或车辆行驶荷载)

使路面产生一个变形,该荷载消除后,路面变形又会回复。利用传感器(位移、激光等)测得该变形或回复变形量(亦即弯沉),再结合荷载还可推算回弹模量等参数。

7.3.1 落锤式弯沉仪法

7.3.1.1 方法介绍

落锤式弯沉仪法是模拟汽车荷载对路面施加瞬时冲击作用,得到路面瞬时变形情况。将一定质量的重锤提升至一定高度后自由落下,冲击力作用于承载板上并对路面施加脉冲荷载,导致路面产生瞬时变形。分布于距测点不同距离的传感器检测结构层表面的变形,即得到在动态荷载作用下产生的动态弯沉及弯沉盆。

根据各点的弯沉数据可反算路面结构层模量(或回弹模量),从而科学地评价路面的承载能力。

7.3.1.2 仪器设备

落锤式弯沉仪(FWD)由荷载发生装置、弯沉检测装置、控制系统与牵引车等组成,如图7-5所示。

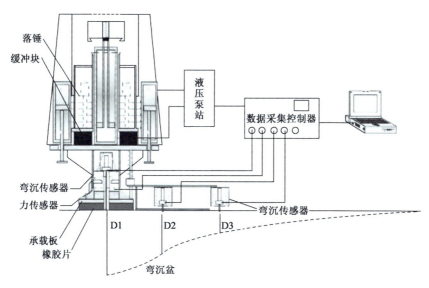

图7-5 落锤式弯沉仪传感器布置及应力作用状态示意图

(1)荷载发生装置:落锤的质量及下落高度根据使用目的与道路等级选择,荷载由传感器测试。如无特殊需要,落锤的质量为(200 ± 10)kg,可产生(50 ± 2.5)kN的冲击荷载。承载板呈十字对称分开成4部分,且底部固定有橡胶片,直径一般为300mm,也可为450mm。

(2)弯沉检测装置:由一个或多个位移传感器组成,位移分辨力不大于0.001mm,如图7-5所示。承载板中心应设有一个弯沉传感器,其他弯沉传感器与中心处弯沉传感器呈线性布置,一般分布在距离承载板中心2500mm的范围内。用于反算路面结构层模量时,弯沉传感器总数应不少于7个,且应包括0mm、300mm、600mm、900mm处4个位置。

(3)控制系统:在冲击荷载作用的期间内,测量并记录冲击荷载及各个弯沉传感器所在位置的动态变形。

(4)牵引车:牵引FWD并安装控制装置的车辆。

7.3.1.3 试验方法与步骤

1)准备工作

(1)调整落锤的质量及下落高度,使落锤产生的冲击荷载满足前述(50±2.5)kN的要求。

(2)检查FWD的车况及使用性能,确保功能正常。

(3)将FWD牵引至测试地点,牵引FWD行驶的速度不宜超过50km/h。

(4)开启FWD,对传感器进行标定。

2)测试步骤

(1)将FWD牵引至测试路段起始位置,输入测试位置信息,设定好状态参数。

(2)将承载板中心位置对准测点,测点一般应布置在车道轮迹带处。落下承载板,放下弯沉检测装置的各传感器。

(3)启动荷载发生装置,落锤瞬即自由落下,冲击荷载作用于承载板上,落锤又立即自动提升至原位置固定。同时,记录荷载数据,各个弯沉传感器测量并记录路表变形数据,变形峰值即为弯沉值。每个测点重复测试应不少于3次。

(4)提起传感器及承载板,牵引车向前移动至下一个测点,重复步骤(2)和(3)完成测试路段的测试。

7.3.1.4 数据分析

(1)舍去承载板中心位移传感器的首次测值,计算其后几次测值的平均值作为该点的弯沉值。

(2)数据统计。

①按式(7-6)进行实测值与设计值偏差的计算。

$$\Delta X = X_i - X_0 \tag{7-6}$$

式中:ΔX——实测值X_i与设计值X_0之差;

X_i——第i个测点的实测值;

X_0——设计值。

②按式(7-7)~式(7-9)进行平均值、标准差和变异系数的计算。

$$\overline{X} = \frac{\sum X_i}{N} \tag{7-7}$$

$$S = \sqrt{\frac{\sum_{i=1}^{N}(X_i - \overline{X})^2}{N-1}} \tag{7-8}$$

$$C_v = \frac{S}{\overline{X}} \times 100 \tag{7-9}$$

式中:N——一个测试路段的测点数;

S——一个测试路段实测值的标准差;

$\overline{X}$——一个测试路段实测值的平均值;

C_v——一个测试路段实测值的变异系数,%。

③计算一个测试路段内实测值代表值,对单侧测试指标,按式(7-10)进行计算,对双侧测试指标,按式(7-11)进行计算。

$$X' = \overline{X} \pm S \frac{t_\alpha}{\sqrt{N}} \tag{7-10}$$

$$X' = \overline{X} \pm S \frac{t_{\alpha/2}}{\sqrt{N}} \tag{7-11}$$

式中:X'——一个测试路段实测值的代表值;

t_α、$t_{\alpha/2}$——t 分布表中随自由度($N-1$)和置信水平 α(保证率)而变化的系数,具体可参考《公路路基路面现场测试规程》(JTG 3450—2019)。

7.3.1.5 注意事项

当沥青面层厚度大于 50mm 时,回弹弯沉值应根据沥青面层平均温度进行温度修正。

$$l_{20} = l_t \cdot K \tag{7-12}$$

式中:l_{20}——修正后的沥青路面回弹弯沉值,准确至 0.01mm;

l_t——温度 t 时的沥青路面回弹弯沉值,准确至 0.01mm;

K——温度修正系数,具体方法可参见相关规程。

7.3.2 激光式路面弯沉仪法

7.3.2.1 方法介绍

激光式路面弯沉仪用于测试铺装后的路面弯沉,利用行驶中的车辆自重进行加载和卸载,利用激光并根据多普勒测速原理非接触式测试路面的变形,进而得到弯沉值并推算回弹模量。激光式路面弯沉仪最大的特点是效率高,可以在 30~90km/h 的正常行驶中连续测试。

7.3.2.2 仪器设备

激光式路面弯沉仪由承载车、检测控制系统、多普勒激光传感器、距离测量系统、温度控制系统等基本部分组成,如图 7-6 所示。

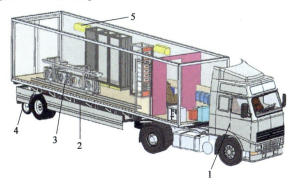

图 7-6 激光式路面弯沉仪结构示意图

1-承载车;2-检测控制系统;3-多普勒激光传感器;4-距离测量系统;5-温度控制系统

7.3.2.3 试验方法与步骤

1)准备工作

(1)检查承载车后轴标准轴载、单侧双轮荷载、轮胎气压等参数,应符合设备要求。

(2)检查承载车、传感器、测试系统是否正常,并进行试测。

(3)当在沥青路面上测试时,通过气象台了解前5d的平均气温(日最高气温与日最低气温的平均值),并记录沥青路面结构层类型、设计厚度等情况。

2)测试步骤

(1)通电预热,保证设备舱内达到要求的温度,并开启警示灯及导向灯等警告标志。

(2)放下距离测试轮,按照测试路段的现场技术要求设置所需的测试状态。

(3)承载车加速到正常车速,沿正常行车轨迹驶入测试路段,保持正常行驶。

(4)在承载车到达测试路段起点前开始测量,确保至少有200m的有效路段,并在承载车到达测试路段起点时进行标记。在测试路段中如遇桥面、路面条件差或偏离当前测试路段等特殊位置,应做相应的标记来记录桩号等信息。

(5)当承载车到达测试路段终点时,应做终点标记,在车辆驶离终点至少200m后停止数据采集,并将系统各部分恢复至准备状态。

7.3.2.4 测试原理

激光式路面弯沉仪的测试原理是通过激光多普勒效应,在承载车行驶过程中测试地面在荷载作用下的垂直下沉及回弹速度。再利用达到最大变形(亦即弯沉)时,该下沉速度为零的特点,通过对沿弯沉盆分布各点的速度变化的分析与计算,得到弯沉值。如图7-7所示。

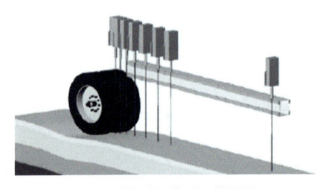

图7-7 激光式路面弯沉仪工作原理图

激光多普勒效应的原理是当一束频率为f_{d1}的光波发射到测试表面时,会在荷载作用下的测试表面发生垂直移动,该光波被发生垂直移动的测试表面反射出去的频率为f_{d2},通过激光多普勒传感器测出频率变化后,按式(7-13)可计算测试表面垂直移动速度。

$$V_{D} = \frac{(f_{d1} - f_{d2})\lambda}{2} \tag{7-13}$$

式中:V_D——测试表面移动速度,km/s;

f_{d1}——光波发射频率,kHz;

f_{d2}——光波反射频率,kHz;

λ——发射光波波长,m。

与落锤式弯沉仪一样,激光式路面弯沉仪得到的弯沉值也需要进行温度、坡度修正,得到要求段长的路面弯沉值。

习题

7.1 承载板法测试结果为哪种模量?如何判定?

7.2 简述落球仪法测试模量的原理。

7.3 落球仪法的优势有哪些?

7.4 简述路基路面承载力检测的常用方法。

7.5 贝克曼梁法、落锤式弯沉仪法、自动弯沉仪和激光式路面弯沉仪测试有什么异同点?

7.6 简述泊松比的概念。

本章参考文献

[1] 黄晓明.路基路面工程[M].6版.北京:人民交通出版社股份有限公司,2019.

[2] 中华人民共和国交通运输部.公路路基路面现场测试规程:JTG 3450—2019[S].北京:人民交通出版社股份有限公司,2020.

[3] 吴佳晔.土木工程检测与测试[M].2版.北京:高等教育出版社,2021.

第8章 路面性能检测技术

 学习指南

本章主要介绍路面混凝土强度、路面抗滑性能和路面缺陷检测技术的主要检测内容、检测方法、测试原理、适用检测范围等。通过本章的学习,掌握回弹法和钻芯法检测混凝土强度的方法和技术特点,了解路面抗滑性能检测和路面缺陷检测项目中各检测方法的测试原理及适用条件。

在公路路基路面工程的施工质量评定或验收养护质量状况评定中,路基路面现场测试是重要的工作内容,其中路基路面现场测试的内容包括混凝土强度、抗滑性能、平整度、弯沉值、混凝土内部缺陷等。

传统的现场测试方法,大多采用有损或微破损的方式来检测路基路面的内部缺陷情况,此类方法会破坏原有的路基路面结构,而且不适用于大面积测试,因此,使用不破坏待测物原有结构状态的无损检测方法,才是检测领域的趋势。到目前为止,已经有越来越多的无损检测设备应用于路基路面的现场测试当中,比如混凝土多功能无损检测仪、单轮式横向力系数测试车、车载式激光构造深度仪、落球式回弹模量检测仪、落锤式弯沉仪等。

8.1 路面混凝土强度检测技术

在混凝土结构中,混凝土抗压强度是一项重要的力学性能指标,会直接影响结构的耐久性和安全性。对于混凝土强度的测试,最可靠的方法是压载法,亦即采用压力试验机对混凝土试样(标准试块或者现场取芯芯样)进行压载,得到其抗压强度。具体方法已在5.2节中作了介绍。

对于现场路面的混凝土强度检测,最常用的方法是回弹法。尽管回弹法测试精度不高,但因其方便快捷,仍得到广泛的应用。当对检测结果有怀疑时,应采用钻芯法取出混凝土芯样,再利用压载法进行验证。

8.1.1 回弹法

8.1.1.1 检测原理及仪器设备

回弹法是通过弹击杆,将弹击锤弹击在混凝土表面,测出弹击锤被反弹回来的距离,以回弹值(反弹距离与弹簧初始长度之比)作为与强度相关的指标,来推定混凝土强度的一种方法。

回弹仪的构造及零部件和装配质量必须符合《回弹仪》(GB/T 9138—2015)的要求,回弹仪按回弹冲击能量大小分为重型回弹仪、中型回弹仪和轻型回弹仪。《公路路基路面现场测试规程》(JTG 3450—2019)规定:

回弹法及超声回弹综合法检测混凝土强度

(1)水平弹击时,在弹击锤脱钩的瞬间,回弹仪的标称能量应为 2.207J。
(2)弹击锤与弹击杆碰撞的瞬间,弹击拉簧处于自由状态,此时弹击锤起点应位于刻度尺的零点处。
(3)在洛氏硬度为(60±2)HRC 的钢砧上,回弹仪的率定值应为 80±2。
(4)数显式回弹仪应带有指针直读示值系统,数字显示的回弹值与指针直读示值相差不应超过 1。

8.1.1.2 适用范围

按照《公路路基路面现场测试规程》(JTG 3450—2019)的规定,在使用回弹法检测混凝土抗压强度时,应满足以下几个条件:

(1)本方法适用于快速测试水泥混凝土路面的抗压强度,不适用于混凝土路面的抗压强度评定、仲裁试验或工程验收。
(2)本方法不适用于表面与内部质量有明显差异或内部存在缺陷的混凝土抗压强度测试。
(3)本方法不适用于厚度小于 100mm 的混凝土抗压强度测试。

8.1.1.3 操作方法及步骤

使用回弹法进行现场检测时,应先在钢砧上进行率定,率定时钢砧表面应干燥、清洁,钢砧应稳固地平放在刚度较大的地面上,当回弹仪向下弹击时,弹击杆应分 4 次旋转,每次旋转约 90°,弹击 3~5 次,取其中连续 3 次读数稳定的回弹值的平均值作为率定值。

在测区布置时,应保证每块混凝土板不少于 10 个测区,相邻两测区的间距不宜大于 200mm,测区宜在混凝土板表面上均匀分布,并避开混凝土的板边和板角位置;每个测区的面积不宜大于 200mm×200mm,每个测区包含 16 个测点,相邻两测点的间距不宜小于 30mm,测点距混凝土板面边缘或接缝的距离不应小于 200mm;且测区表面应清洁、干燥、平整,不能有疏松层、蜂窝及麻面等,必要时可用砂轮清除混凝土板表面的杂物和打磨不平整处,磨光后的表面不应有残留粉尘或碎屑。

按照《回弹法检测混凝土抗压强度技术规程》(JGJ/T 23—2011)的要求,回弹法检测混凝土的龄期为 7～1000d,该方法不适用于检测表层及内部质量有明显差异或内部存在缺陷的混凝土构件和特种成型工艺制作的混凝土。

8.1.1.4 结果判定

计算回弹值时,应将每个测区的 16 个测点的回弹值,去掉 3 个最大值和 3 个最小值,其余 10 个回弹值按式(8-1)计算测区平均回弹值。

$$\overline{N}_S = \frac{\sum N_i}{10} \tag{8-1}$$

式中:$\overline{N}_S$——测区平均回弹值,准确至 0.1,无量纲;
N_i——第 i 个测点的回弹值。

根据回弹仪轴线与水平方向的角度将测得的数据按式(8-2)进行修正,计算非水平方向测试的回弹修正值。当测试水泥混凝土路面为向下垂直方向时,测试角度为 -90°,回弹修正值 ΔN 如表 8-1 所示。

$$\overline{N} = \overline{N}_S + \Delta N \tag{8-2}$$

式中:$\overline{N}$——经非水平方向测试修正的测区平均回弹值;
ΔN——非水平方向测试的回弹值的修正值,由表 8-1 或内插法求得,准确至 0.1。

非水平方向测试的回弹值的修正值 ΔN 表 8-1

$\overline{N}_S$	与水平方向所成的角度							
	90°	60°	45°	30°	-30°	-45°	-60°	-90°
20	-6.0	-5.0	-4.0	-3.0	+2.5	+3.0	+3.5	+4.0
30	-5.0	-4.0	-3.5	-2.5	+2.0	+2.5	+3.0	+3.5
40	-4.0	-3.5	-3.0	-2.0	+1.5	+2.0	+2.5	+3.0
50	-3.5	-3.0	-2.5	-1.5	+1.0	+1.5	+2.0	+2.5

注:参考《回弹法检测混凝土抗压强度技术规程》(JGJ/T 23—2011),混凝土强度的最终推定值需要通过平均碳化深度和回弹值查表确认。表中未列入的 $\overline{N}_S$,可使用内插法求得。

平均碳化深度按式(8-3)计算:

$$\overline{L} = \frac{1}{n} \sum_{i=1}^{n} L_i \tag{8-3}$$

式中:$\overline{L}$——平均碳化深度,mm;
L_i——第 i 个测点的碳化深度,mm;
n——测点数。

当平均碳化深度值大于或等于 6.0mm 时,取 6.0mm。

8.1.2 钻芯法

8.1.2.1 检测原理及仪器设备

钻芯法是利用专用取芯机,从混凝土中钻取芯样以检测混凝土强度或观察混凝土内部质量的方法。由于它对混凝土结构造成局部损伤,因此是一种微破损的现场检测方法。

使用钻芯法取芯时,通常应沿道路纵向连续选择测区,在测区内随机选择测点,或者沿道路纵向均匀确定测区,并注意将测区位置清扫干净。然后按照《公路工程水泥及水泥混凝土试验规程》(JTG 3420—2020)的要求对加工好的芯样进行抗压强度试验。

在钻取标准芯样时,还应注意以下几点:

(1)劈裂试验芯样直径为150mm,抗压试验芯样直径为150mm或100mm,芯样试件高度与直径之比应为1。

(2)芯样试件内不得含有钢筋或钢纤维。

(3)锯切后的芯样应使用打磨机进行端面处理,并保证芯样试件的实际高径比在0.95~1.05之间,芯样试件端面与轴线的不垂直度小于1°,不平整度在每100mm长度内不超过0.1mm。

(4)钻孔采取芯样的直径不宜小于最大集料粒径的3倍。

8.1.2.2 操作步骤

进行路面钻芯取样时,应按照以下步骤进行操作。

1)准备工作

(1)确定路段。钻芯选点路段,可以是一个作业段、一天完成的路段,或按相关规范的规定选取一定长度的检查路段。

(2)按随机选点方法确定取样的位置。

(3)将取样位置清扫干净。

2)取样步骤

(1)用取芯机在取样地点垂直对准路面放下钻头,牢固安放钻机,使其在运转过程中不移动。

(2)开放冷却水,启动电动机,徐徐压下钻杆,钻取芯样,但不得用力下压钻头。待钻透全部厚度后,上抬钻杆,拔出钻头,使钻头停止转动,在不损坏芯样的情况下将芯样取出。沥青混合料芯样及水泥混凝土芯样可用清水漂洗干净备用。

①采取的路面混合料试样应整层取样,试样不得破碎。

②将钻取的芯样妥善盛放于盛样器中,必要时采用塑料袋封装。

③填写样品标签,一式两份,一份粘贴在试样上,另一份作为记录备查。

④对取样后的钻孔路面坑洞,应采用同类型材料填补压实,但取样时留下的水分应用棉纱等吸走,待干燥后再补坑。

8.1.2.3 数据分析

(1)芯样劈裂强度 f_{ct} 按式(8-4)计算。

$$f_{ct} = \frac{2F}{\pi d_m \cdot l_m} \tag{8-4}$$

式中:f_{ct}——芯样劈裂强度,MPa;

F——极限荷载,N;

d_m——芯样截面的平均直径,mm;

l_m——芯样平均长度,mm。

(2)芯样抗压强度f_{cu}按式(8-5)计算。

$$f_{cu} = \frac{F}{A} \quad (8-5)$$

式中:f_{cu}——芯样抗压强度,MPa;

F——极限荷载,N;

A——芯样试件抗压截面面积,mm^2。

(3)强度测试值的计算及异常数据的取舍原则。

以3个试件的计算平均值为测试值。如3个试件中最大值或最小值中有一个测值与中间值的差值超过中间值的15%,则取中间值为测试值;如有两个测值与中间值的差值均超过上述规定,则该组试验结果无效。劈裂强度结果计算应精确至0.01MPa,抗压强度结果计算应精确至0.1MPa。

8.2 路面抗滑性能检测技术

8.2.1 概述

在道路路面检测中,路面抗滑性能是一项重要的检测指标,该性能对车辆行驶安全性和舒适性起着重要的作用。路面抗滑性能主要受到路面粗糙程度、路面干湿状态、沥青面层材料、路面养护措施等因素影响,路面粗糙程度越大、路面越干燥、表层粗集料越坚硬时,抗滑性能就越好。

路面抗滑性能检测的方法有车载式激光构造深度仪测试技术、摆式仪测试技术、单轮式横向系数测试技术等。一般根据路面结构的不同,可选择相应的方法进行检测。

8.2.2 车载式激光构造深度仪测试技术

车载式激光构造深度值换算成铺砂法的构造深度后,可以判断路面抗滑性能是否满足要求。

8.2.2.1 检测原理、适用范围及仪器设备

车载式激光构造深度仪测试技术是利用激光测距的原理来得到路面的构造深度,常用于新建和改(扩)建路面工程的质量验收工作。其适用于无严重破损、病害及没有积水、积雪、泥浆等正常行车条件下连续采集路面构造深度,但不适用于带有沟槽构造的水泥路面。常见的检测设备为车载式激光构造深度仪,如图8-1所示。

8.2.2.2 操作步骤

使用车载式激光构造深度仪检测路面抗滑性能时,应按照以下步骤进行:

(1)按照设备使用说明进行准备工作。

图 8-1 车载式激光构造深度仪

(2)测试开始之前,应让测试车以测试速度行驶 5~10km,并按照设备使用说明规定的预热时间对测试系统进行预热。

(3)测试车停在测试起点前 50~100m 处,启动平整度测试系统程序,按照设备操作手册的规定和测试路段的现场技术要求,设置所需的测试状态。

(4)驾驶员应按照设备操作手册要求的测试速度范围驾驶测试车,宜为 50~80km/h,避免急加速或急减速,急弯路段应放慢车速,沿正常行车轨迹驶入测试路段。

(5)进入测试路段后,测试人员启动系统的采集和记录程序,在测试过程中必须及时、准确地将测试路段的起终点和其他需要特殊标记的位置输入测试数据记录中。

(6)当测试车辆驶出测试路段后,测试人员停止数据采集和记录,并恢复仪器各部分至初始状态。

(7)检查测试数据文件,应保证文件完整、内容正常,否则需要重新测试。

(8)关闭测试系统电源,结束测试。

使用车载激光构造深度仪,测试效率高、测试结果稳定,但受限于测试工作原理,在有槽状或坑状表面构造的水泥混凝土路面上无法检测。

8.2.3 摆式仪测试技术

8.2.3.1 检测原理及仪器设备

摆式仪测定路面摩擦系数的原理:模拟汽车以一定速度行驶时,汽车轮胎与路面表面之间的摩擦作用,使具有一定质量和一定长度的摆锤,从一定高度自由下摆时,摆锤底面橡胶片与路面表面接触并滑动一定长度,由于克服摩擦力而损耗部分能量,摆锤回摆不到起始高度。摆的位能损失等于安装于摆臂末端橡胶片滑过路面时,克服路面摩擦力所做的功,所以,回摆高度越小,与起始高度的差值越大,说明摩擦系数越大。摆值(BPN)是摆式仪的刻度值,为摩擦系数的 100 倍。

摆式仪测定路面摩擦系数试验方法

本方法适用的检测设备为数字摆式仪,该设备通过测试无刻槽水泥路面和沥青路面的摆值 BPN,来测定沥青路面、标线或其他材料试件的抗滑值,用以评定路面或材料试件在潮湿状态下的抗滑能力。数字式摆式仪结构示意图见图 8-2。

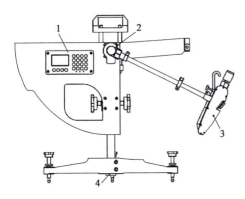

图 8-2 数字式摆式仪结构示意图
1-主机;2-角度传感器;3-摆;4-温度传感器

8.2.3.2 操作步骤

使用数字式摆式仪检测路面抗滑值时,操作步骤如下:

(1)将测试区域尘土或附着物清理干净。

(2)将仪器摆放在测区,调平底座,并保证摆动的方向与行车方向一致。

(3)将仪器指针调零,保证摆从最高位置下落后,最终停在零刻度位置处,允许误差为±1。

(4)校准滑动长度,保证最终的滑动长度符合(126±1)mm 的要求。

(5)用水湿润测区路面。

(6)开始进行测试,将摆从最高处下落 5 次,读记每次测试的摆值。5 个摆值中最大值与最小值的差值不得大于 3,如大于 3,应重复上述各项操作,至符合规定为止。

(7)在测点处用温度计测记潮湿路表温度,精确至 1℃。

8.2.3.3 数据分析

在计算摆值时,应将测区内 5 个摆值的平均值作为该测区的摆值 BPN_T,取整数。然后对摆值进行温度修正。当路面温度为 T(℃)时测得的摆值 BPN_T 应按式(8-6)换算成标准温度为 20℃ 的摆值 BPN_{20}:

$$BPN_{20} = BPN_T + \Delta BPN \quad (8\text{-}6)$$

式中:BPN_{20}——换算成标准温度 20℃ 时的摆值;

BPN_T——路面温度为 T 时测得的摆值;

ΔBPN——温度修正值,参照表 8-2。

温度修正值参照表　　表 8-2

温度(℃)	0	5	10	15	20	25	30	35	40
温度修正值 ΔBPN	-6	-4	-3	-1	0	+2	+3	+5	+7

8.2.4 单轮式横向系数测试技术

8.2.4.1 检测原理、适用范围及仪器设备

单轮式横向系数测试技术源于英国的 SCRIM 系统,其工作原理:与行车方向成 20°偏角,并承受一定垂直荷载的测试轮胎以一定速度行驶在潮湿路面上,测试轮胎受到的侧向摩擦阻力与垂直荷载的比值,称为横向力系数,简称 SFC。

本方法适用于新、改建路面工程质量验收,以及无严重坑槽、车辙等病害的正常行车条件。常用的检测设备为单轮式横向力系数测试车。

8.2.4.2 操作步骤

使用单轮式横向力系数测试车测试路面横向力系数时,操作步骤如下:
(1)按照设备使用说明进行准备工作。
(2)进入测试路段前,应将测试轮胎降至路面上预跑约500m。
(3)进入测试路段前,车速应保持在规定的测试速度范围内,沿正常行车轨迹驶入测试路段。
(4)进入测试路段后,测试人员启动系统的数据采集和记录程序,在测试过程中必须及时、准确地将测试路段的起终点和其他需要特殊标记的位置输入测试数据记录中。
(5)当测试车辆驶出测试路段后,测试人员停止系统的数据采集和记录程序,提升测试轮胎并恢复仪器各部分至初始状态。
(6)测试人员应进行数据检查,并保证文件完整、内容正常,否则需要重新测试。
(7)关闭测试系统电源,结束测试。

8.2.4.3 数据分析

SFC 值的速度修正,是以测试结果使用时所需的速度作为标准测试速度,和现场实际测试速度条件下得到的 SFC 值,通过式(8-7)转换至标准速度下的等效 SFC 值。

$$SFC_{标} = SFC_{测} - 0.22(v_{标} - v_{测}) \tag{8-7}$$

式中:$SFC_{标}$——标准测试速度下的等效 SFC 值;
$SFC_{测}$——现场实际测试速度条件下的 SFC 测试值;
$v_{标}$——标准测试速度,km/h;
$v_{测}$——现场实际测试速度,km/h。

SFC 值的温度修正,是以测试系统的标准现场测试地面温度(20±5)℃范围,和现场实际地面温度条件下测试的 SFC 值,通过表8-3转换至标准温度下的等效 SFC 值,系统测试要求地面温度控制在 8~60℃ 范围内。

SFC值温度修正参照表　　　　　表8-3

温度(℃)	10	15	20	25	30	35	40	45	50	55	60
修正值	-3	-1	0	+1	+3	+4	+6	+7	+8	+9	+10

8.3 路面缺陷检测技术

8.3.1 概述

无论是水泥混凝土路面还是沥青混凝土路面,在通车使用一段时间之后,都会陆续出现各种损坏、变形等病害,这些统称路面缺陷。常见的路面缺陷包括错台、车辙、裂缝、混凝土路面脱空等,这些缺陷会给道路运营带来极大的安全隐患。以下列举几种常见路面缺陷及其产生原因。

(1)错台:路基产生竖向变形而使路面下沉,导致接缝处或者裂缝相邻面板出现垂直高差的现象。

(2)车辙:车辙是路面上行车轮迹产生的纵向带状凹槽,深度在1.5cm以上,数量按实有长度乘变形部分的平均值计算。受沥青路面结构设计和施工、交通、气候条件的影响,车辙又分为结构性车辙、流动性车辙、磨损性车辙和压实度不足引起的车辙。此外,车辙在行车荷载重复作用下,会有扩展和累积的趋势。

(3)裂缝:路面裂缝是路面各类缺陷中最常见、最易发生和最早期产生的病害之一。路面裂缝的种类繁多,包括表面裂缝、贯穿裂缝、微裂缝、小裂缝、中裂缝、大裂缝等,它伴随着道路的整个使用期,并随着路龄的增长而加重。路面出现裂缝不但影响路容美观和行车的舒适性,而且裂缝容易扩展从而造成路面的结构性破坏,缩短路面的使用寿命。

(4)混凝土路面脱空:混凝土路面出现裂缝以后,雨水就可透过裂缝进入路面基层或土层,车辆通过路面裂缝所在区域,受车辆或轮胎碾压时的真空抽吸作用,经雨水浸泡的基层浆液被挤出路面,形成板下脱空,从而造成混凝土路面大面积撕裂、破碎。

路面缺陷严重影响车辆行驶的安全性,因此,为了避免此类安全事故的发生,应定期进行路面缺陷检测,以及时掌握路面的缺陷情况,并根据路面的破坏情况进行补修和加固处理。

8.3.2 路面错台检测

路面错台通常指不同构造物或相邻水泥混凝土板块接缝间出现的高程突变。路面错台过大,会使路面局部不平整,严重影响行车舒适性,因此,它不仅是路面病害调查项目,也是水泥混凝土路面施工质量检验指标。

8.3.2.1 检测方法及仪具

路面错台检测方法适用于检测在构造物端部接头、水泥混凝土路面的错台高度,以评价路面行车舒适程度。路面错台的测试位置应选在接缝高差最大处,并根据实际情况选择不同的检测方法。

(1)基准尺法:将基准尺垂直跨越接缝并平放于高出的一侧,用塞尺或钢直尺测量接缝处的基准尺下基准面与位置较低板块的高差,即为该处的错台高度D,准确至1mm。

(2)深度尺法:将深度尺垂直置于高出的一侧,将测头顶出,至与沉降面接触为止,稳定后读数,即为该处的错台高度D,准确至1mm,且测点的选择应避开水泥混凝土板块崩边的位置。

(3)水准仪(全站仪)法:将水准仪(全站仪)架设于路面平顺处调平,沿接缝在选定测点的两侧分别量测相对高程,准确至1mm。塔尺(棱镜)应放置在平整处,避开路面凸起和凹陷的位置。

检测路面错台时常用的检测仪具有皮尺、水准仪、3m直尺、钢直尺、粉笔等。

8.3.2.2 操作步骤

路面错台检测的操作步骤如下:

(1)选择错台的测定位置,以行车车道错台最大处纵断面为准,也可以根据需要以其他代表性纵断面为测定位置。

(2)选择需要测定的断面,记录位置及桩号,描述发生错台的原因。

(3)构造物端部由于沉降造成的接头错台的测试步骤如下：
①将精密水准仪架在距构造物端部不远的路面平顺处调平。
②从构造物端部无沉降或鼓包的断面位置起，沿路线纵向用皮尺量取一定距离，作为测点，在该处立起塔尺，测量高程。再向前量取一定距离，作为测点，测量高程。如此重复，直至无明显沉降的断面为止。若无特殊需要，从构造物端部起的2m内应每隔0.2m量测一次，2～5m内宜每隔0.5m量测一次，5m以上可每隔1m量测一次，由此得出沉降纵断面及最大沉降值，即最大错台高度 D_m，准确至1mm。

(4)测定由水泥混凝土路面或桥梁的伸缩缝或路面横向开裂造成的接缝错台、裂缝错台时，可按上述方法用水平仪测定接缝或裂缝两侧一定范围内的道路纵断面，确定最大错台的位置及高度 D_m，准确至1mm。

(5)当发生错台变形的范围不足3m时，可在错台最大位置沿路线纵向用3m直尺架在路面上，其一端位于错台高出的一侧，另一端位于无明显沉降变形处，作为基准线。用钢直尺或钢卷尺每隔0.2m量取路面与基准线之间的高度 D，同时测记最大错台高度 D_m，准确至1mm。

8.3.3 沥青路面车辙检测

沥青路面车辙是指路面经汽车反复行驶产生流动变形、磨损、沉陷后，在车行道行车轨迹上产生的纵向带状凹槽。达到一定深度的车辙，会增加车辆变道的操控难度，影响行车安全性及行车舒适性；还可能会积水，加速路面的破坏。因此，车辙是沥青路面使用性能评价指标，也是沥青路面养护决策的依据。

8.3.3.1 检测方法及仪具

沥青路面车辙检测方法包含基准尺检测法、横断面尺测法、激光车辙仪检测法三种。

(1)基准尺检测法：将基准尺分别置于左、右轮迹带状凹槽两端最高位置，目测确定左、右轮迹带最大车辙位置，用量尺量取基准尺底面与路面之间的高差，结果精确至1mm，并记录车辙深度值。

(2)横断面尺测法：将横断面尺置于测试断面上，方向与道路中心线垂直，两端支脚置于测试车道两侧，使用钢直尺垂直立于路面上，沿横断面尺每隔200mm设一个测点，读取底面与路面之间的高差，结果准确至1mm。

(3)激光车辙仪检测法：使用自动化车辙仪进行路面车辙深度检测，并画出路面车辙的横断面图及顶面基准线，目前国内自动化车辙仪主要包括点激光车辙仪和线激光车辙仪，其测试示意图如图8-3、图8-4所示。

不同检测方法采用的仪具也有所不同，主要有：

(1)激光或超声波车辙仪：包括多点激光或超声波车辙仪、线激光车辙仪和线扫描激光车辙仪等类型，通过激光测距技术或激光成像和数字图像分析技术得到车道横断面相对高程数据，并按规定模式计算车辙深度。

(2)路面横断面仪：其长度不小于一个车道宽度，横梁上有一位移传感器，可自动记录横断面形状，测试间距小于20cm，测试精度为1mm。

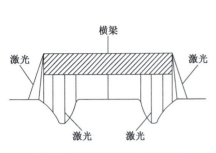

图8-3 点激光车辙仪测试示意图　　图8-4 线激光车辙仪测试示意图

(3)横断面尺:横断面尺为硬木或金属制直尺,刻度间距5cm,长度不小于一个车道宽度。顶面平直,最大弯曲不超过1mm,两端有把手及高度为10~20cm的支脚,两支脚的高度相同。

(4)量尺:钢直尺、卡尺、塞尺,量程大于车辙深度,精确至1mm。

8.3.3.2 检测要求及操作步骤

(1)车辙测定的基准测量宽度应符合下列规定:

①对高速公路及一级公路,以发生车辙的一个车道两侧标线宽度中点到中点的距离为基准测量宽度。

②对二级及以下公路,有车道区画线时,以发生车辙的一个车道两侧标线宽度中点到中点的距离为基准测量宽度;无车道区画线时,以形成车辙部位的一个设计车道宽作为基准测量宽度。

(2)以一个评定路段为单位,用激光车辙仪连续检测时,测定断面间隔不大于10m。用其他方法非连续测定时,在车道上每隔50m作为一测定断面,用粉笔画上标记进行测定。根据需要也可在行车道上随机选取测定断面,在有特殊需要的路段如交叉口前后可进行加密测试。

(3)采用激光或超声波车辙仪测试时的操作步骤如下:

①检测车辆位于测定区间起点前。

②启动并设定检测系统参数。

③启动车辙和距离测试装置,开动测试车沿车道轮迹位置且平行于车道线平稳行驶,测试系统自动记录每个横断面和距离数据。

④到达测定区间终点后,结束测定。

⑤系统处理软件按照图8-5规定的模式通过各横断面相对高程数据计算车辙深度。

(4)采用路面横断面仪测试时的操作步骤如下:

①将路面横断面仪置于测定断面上,方向与道路中心线垂直,两端支脚立于测定车道的两侧边缘,记录断面桩号。

②调整两端支脚高度,使其等高。

③移动路面横断面仪的测量器,从测定车道的一端移至另一端,记录断面形状。

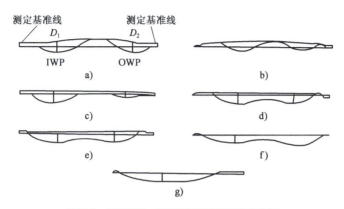

图 8-5　不同形状、不同程度的路面车辙示意图

注：IWP、OWP 分别表示内侧轮迹带及外侧轮迹带；D_1、D_2 为车辙深度。

(5)采用横断面尺测试时的操作步骤如下：

①将横断面尺置于测定断面上,两端支脚置于测定车道两侧。

②沿横断面尺每隔 20cm 设一测点,用量尺垂直立于路面上,用目测法平视测量并记录横断面尺顶面与路面之间的距离,准确至 1mm。如断面的最高处或最低处明显不在测点上,应在该测点处加密测试距离。

③记录测定读数,绘出断面图,最后连接成圆滑的横断面曲线。

④横断面尺也可用线绳代替。

⑤当不需要测定横断面,仅需要测定最大车辙时,亦可用不带支脚的横断面尺架在路面上,用目测的方式确定最大车辙位置,直接用横断面尺量取即可。

8.3.3.3　数据分析

路面车辙检测数据的分析方法如下：

(1)根据断面线按图 8-5 的方法画出横断面图及顶面基准线,通常为其中的一种形式。

(2)在图上确定车辙深度 D_1 及 D_2,读数精确至 1mm。以其中最大值作为断面的最大车辙深度。

(3)求取各测定断面最大车辙深度的平均值作为该评定路段的平均车辙深度。

8.3.4　混凝土路面裂缝及缺陷识别

基于手机的混凝土缺陷检测与识别

裂缝是混凝土路面常见的缺陷,对裂缝状态的把握有助于道路的养护和管理。

随着图像识别以及人工智能(AI)技术的发展,采用拍照和图像处理的方法,已经可以很好地识别混凝土路面裂缝,还能够对裂缝进行勾勒,判断其发展趋势,方便、快捷并具有非常广阔的发展前景。

裂缝识别和勾勒是运用手机或数码相机对路面进行拍照,再通过图像处理把裂缝从背景中抽出并进行勾勒。当路面背景较为复杂,以及在大面积范围内识别裂缝时,需要采用 AI 技术。而周围背景单纯,或需要对裂缝进行勾勒时,往往采用 Canny 等算法实现。

借助标识物,还可利用图像处理技术对裂缝宽度进行自动检测,不仅能找出裂缝宽度的最大值,还可全面扫描并计算裂缝所有位置的宽度。比起传统的测量员手工绘制裂缝轮廓以及随机选点测量裂缝宽度,该方法大大提高了工程中裂缝巡检操作的效率和准确度。拍照裂缝识别技术测试情况如图8-6所示。

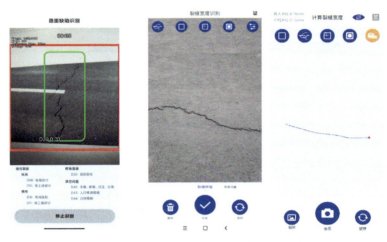

a) 采用AI技术的路面裂缝识别　　b) 采用Canny算法的裂缝勾勒和宽度检测

图8-6　拍照裂缝识别技术测试情况

8.1　普通混凝土的强度等级有哪些?

8.2　常见的路面混凝土强度检测方法有哪些?

8.3　简述使用钻芯法检测混凝土强度时的注意事项。

8.4　路面抗滑性能检测的主要参数是什么?常见的检测方法有哪些?

本章参考文献

[1] 中华人民共和国交通运输部. 公路路基路面现场测试规程:JTG 3450—2019[S]. 北京:人民交通出版社股份有限公司,2020.

[2] 中华人民共和国住房和城乡建设部. 冲击回波法检测混凝土缺陷技术规程:JGJ/T 411—2017[S]. 北京:中国建筑工业出版社,2017.

[3] 中华人民共和国交通运输部. 横向力摩擦系数系统专用测试轮胎:JT/T 752—2009[S]. 北京:人民交通出版社,2009.

[4] 中华人民共和国国家质量监督检验检疫总局. 回弹仪:JJG 817—2011[S]. 北京:中国质检出版社,2011.

［5］中华人民共和国国家质量监督检验检疫总局,中国国家标准化管理委员会.回弹仪:GB/T 9138—2015[S].北京:中国标准出版社,2015.

［6］中华人民共和国住房和城乡建设部.回弹法检测混凝土抗压强度技术规程:JGJ/T 23—2011[S].北京:中国建筑工业出版社,2011.

［7］赵金云,汪洁.公路工程检测技术[M].2版.北京:北京理工大学出版社,2018.

第4篇 交通安全设施检测技术篇

交通安全设施(简称交安设施)的主要作用是安全防护,同时具有部分交通诱导作用。在保障安全的前提下,交安设施能有效提高道路通行能力和效率。

本篇主要针对交安设施的检测技术进行详细讲解。交安设施主要包括安全护栏和栏杆、道路交通标志、道路交通标线、隔离设施、防眩设施、突起路标、轮廓标等。关于交安设施的检测,主要分为原材料检测和现场检测。

第9章 安全护栏工程检测

本章主要介绍安全护栏工程常规的测试参数、测试方法、测试原理、适用检测范围等。通过本章的学习,掌握安全护栏和波形梁护栏板的检测方法和技术特点,了解安全护栏检测项目中各检测方法的测试原理、方法、结果判定依据及适用条件。

9.1 概述

道路安全护栏,分为路侧护栏和中央分隔带护栏。路侧护栏是设置于道路路侧建筑界限以内的护栏(图9-1),防止失控车辆越出路外或碰撞路侧构造物及其他设施。中央分隔带护栏是设置于道路中央分隔带内的护栏,防止失控车辆穿越中央分隔带闯入对向车道,并保护中央分隔带内的构造物。

安全护栏根据碰撞后的变形程度,可分为:刚性护栏,一般以混凝土护栏为主;半刚性护栏,一般以波形梁钢护栏为主;柔性护栏,一般以缆索护栏为主。

道路安全护栏作为道路安全的最后一道屏障,其施工质量的检测意义不言而喻。本章主要针对护栏立柱的外观质量、尺寸(包括长度、埋深、厚度等)和波形梁护栏的防腐质量、力学性能介绍测试方法。

a) 混凝土护栏

b) 波形梁钢护栏

c) 缆索护栏

图 9-1　路侧护栏

9.2　护栏及立柱检测

9.2.1　钢质护栏立柱埋置深度检测

9.2.1.1　概述

立柱的埋置深度对其防护能力有极其重要的影响,其检测方法主要包括拔桩法和冲击弹性波法。

钢制护栏立柱埋置深度检测

拔桩法是通过拔桩机将埋置立柱拔出,使用钢卷尺直接测量立柱埋置深度。其测试精度高,结果直观,但拔出立柱时会破坏地基的完整性,而且检测完成后需要重新夯实路基,再次打入立柱,作业费时费力,检测效率低,覆盖面小。

冲击弹性波法是利用弹性波的反射原理,根据标定所得的弹性波波速(标称波速),通过立柱底部的反射时刻来推算立柱的长度及埋置深度的无损检测方法。其优点是检测过程对立柱结构和路基路面无影响,检测效率高,但其检测精度相对于拔桩法略低,直观性差。

9.2.1.2 仪器设备

立柱埋置深度检测仪器包含钢卷尺、拔桩机和钢质护栏立柱埋深冲击弹性波检测仪,如图 9-2 所示。

a)拔桩机　　　　b)钢质护栏立柱埋深冲击弹性波检测仪

图 9-2　立柱埋置深度检测仪器

9.2.1.3 测试方法与原理

1)拔桩法

如图 9-3 所示,选择测试立柱后,使用拔桩机进行拔桩施工。拔出立柱后,使用钢卷尺测量立柱长度并进行记录,后续进行现场恢复施工。

图 9-3　现场拔桩测量图

2)钢质护栏立柱埋深冲击弹性波检测仪检测

利用自动激振装置在立柱顶部发出一个脉冲信号,该脉冲信号在立柱内部向下传播,又在立柱的底部发生反射。通过对发射信号及反射信号的拾取,可以计算立柱长度及埋置深度,测试步骤等参考第 14 章演示试验四。

9.2.1.4 注意事项

(1)运用钢质护栏立柱埋深冲击弹性波检测仪检测立柱埋置深度时,需要进行标称波速的标定,具体操作如下:

①检测之前,根据立柱的材质、规格和工程环境确定立柱的标称波速。

②标称波速可通过未埋置立柱实测长度与反射回波传播时间计算得出。当不具备实测条件时,对于新设立柱,可直接选用 5.18km/s。

(2)仪器使用的安全注意事项。

①使用拔桩机时要注意人身安全,适当远离。

②使用立柱埋深检测仪时的注意事项,参考第 14 章演示试验四。

9.2.2 波形梁钢护栏检测

9.2.2.1 概述

目前,波形梁钢护栏是使用量最大的安全护栏形式,主要包括两波形梁钢护栏和三波形梁钢护栏。波形梁钢护栏检测内容包括测量工具测试尺寸、距离等参数,磁性测厚仪测量涂层厚度,扭力扳手测试终拧扭矩等。主要检测项目见表 9-1。

波形梁钢护栏检测项目表 表 9-1

项 次	检测项目	检测频率
1	波形梁板基底金属厚度	详参设计要求和所依据的规范或标准
2	立柱基底金属壁厚	
3	横梁中心高度	
4	立柱中距	
5	立柱竖直度	
6	立柱外边缘距土路肩边线距离	
7	立柱埋置深度	
8	螺栓终拧扭矩	

9.2.2.2 仪器设备

波形梁钢护栏检测仪器包括千分尺、磁性测厚仪、钢卷尺、扭矩扳手和水平尺等,如图 9-4 所示。

9.2.2.3 测试方法及结果处理

波形梁钢护栏检测目前主要依据的规程及标准有《波形梁钢护栏 第 1 部分:两波形梁钢护栏》(GB/T 31439.1—2015)、《波形梁钢护栏 第 2 部分:三波形梁钢护栏》(GB/T 31439.2—2015)和《公路工程质量检验评定标准 第一册 土建工程》(JTG F80/1—2017)。

1)波形梁板基底金属厚度测量

波形梁板基底金属厚度分为防腐处理前测量和防腐处理后测量,均采用四点法(板两侧各 2 个点)。采用精度 0.01mm 的板厚千分尺或螺旋测微计测试 3 次,取 3 次的测量平均值作为某一测点的测试结果。具体如下:

(1)切边钢带(包括连轧钢板)在距纵边不小于 25mm 处测量,不切边钢带(包括连轧钢板)在距纵边不小于 40mm 处测量。切边单轧钢板在距边部(纵边和横边)不小于 25mm 处测量,不切边单轧钢板的测量部位由供需双方协商确定。

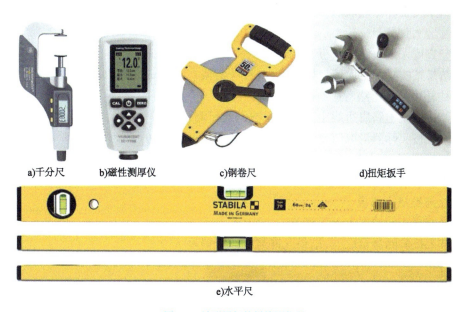

a)千分尺　　b)磁性测厚仪　　c)钢卷尺　　d)扭矩扳手

e)水平尺

图 9-4　波形梁钢护栏检测仪器

(2)防腐处理前的护栏板基底金属厚度用四点法(板两侧各 2 个点)测量。

(3)防腐处理后的护栏板基底金属厚度用四点法(板两端各 1 个点,板两侧各 1 个点)在距边界 50mm 处测量。

(4)防腐处理后的护栏板基底金属厚度如有且仅有一个点不符合要求时,以测点中心画十字线,沿十字线方向距该测点 25mm 处取四点对基底金属厚度进行复验,四点复验结果中任意一点不符合要求时,则判定该护栏板基底金属厚度不合格,四点复验结果均符合要求时,则判定该护栏板基底金属厚度合格。

测试结果需符合《波形梁钢护栏　第 1 部分:两波形梁钢护栏》(GB/T 31439.1—2015)、《波形梁钢护栏　第 2 部分:三波形梁钢护栏》(GB/T 31439.2—2015)的规定。对于 3.0mm 和 4.0mm 厚度的波形梁板,防腐处理后实测最小厚度分别不小于 2.95mm 和 3.95mm,平均厚度分别不小于 3.0mm 和 4.0mm。

2)立柱基底金属壁厚测量

采用精度 0.01mm 的板厚千分尺或螺旋测微计测试 3 次,取 3 次的测量平均值作为测试结果,结果符合《波形梁钢护栏　第 1 部分:两波形梁钢护栏》(GB/T 31439.1—2015)、《波形梁钢护栏　第 2 部分:三波形梁钢护栏》(GB/T 31439.2—2015)的规定:单根立柱基底金属壁厚最小值不低于 4.25mm,防腐处理后多根立柱基底金属壁厚实测平均值不小于 4.5mm。

3)横梁中心高度测量

横梁中心高度用水平尺和钢卷尺测量。若路侧或中央分隔带有路缘石,而路缘石与护栏面不齐平,应从路缘石顶面计算横梁中心高度。

测试结果按实际测量取值,结果允许与设计值偏差 ±20mm。

4)立柱中距测量

立柱中距用直尺或钢卷尺测量。

测试结果按实际测量取值,结果允许与设计值偏差 ±20mm。

5) 立柱竖直度测量

立柱竖直度采用垂线法、直尺量取。

测试结果按实际测量取值,结果允许与设计值偏差 ±10mm/m。

6) 立柱外边缘距土路肩边线距离测量

立柱外边缘距土路肩边线距离用直尺或钢卷尺测量。

测试结果按实际测量取值,结果大于或等于 250mm 或不小于设计要求。

7) 立柱埋置深度测量

按 9.2.1 节所述进行测试与结果处理。

8) 螺栓终拧扭矩测量

螺栓终拧扭矩使用扭力扳手测量。

测试结果按实际测量取值,结果允许与设计值偏差 ±10%。

9.2.3 混凝土护栏检测

9.2.3.1 概述

混凝土护栏按其安装位置、防护等级、构造形式、基础处理方式等进行分类。混凝土护栏检测方法包括尺量法、试块压载法等。混凝土护栏检测项目见表 9-2。

混凝土护栏检测项目表 表 9-2

项 次	检测项目		检测频率
1	护栏断面尺寸(mm)	高度	详参设计要求和所依据的规范或标准
		顶宽	
		底宽	
2	钢筋骨架尺寸(mm)		
3	横向偏位(mm)		
4	基础厚度(mm)		
5	混凝土护栏块件之间的错位(mm)		
6	护栏混凝土强度(MPa)		

9.2.3.2 仪器设备

混凝土护栏检测仪器包括直尺、钢卷尺、压力机等,如图 9-5 所示。

9.2.3.3 测试方法及结果处理

1) 护栏断面尺寸、钢筋骨架尺寸、横向偏位、基础厚度用直尺、钢卷尺测量

护栏断面尺寸高度测试结果按实际测量取值,结果允许偏差 ±10mm;顶宽、底宽按实际测量取值,结果允许偏差 ±5mm。

钢筋骨架尺寸测试结果按实际测量取值,结果应满足设计要求。

横向偏位测试结果按实际测量取值,结果允许偏差 ±20mm 或满足设计要求。

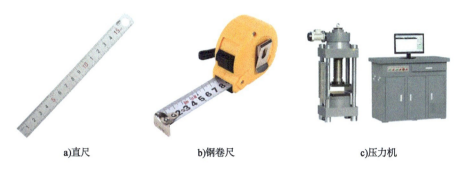

a)直尺　　　　　　b)钢卷尺　　　　　　c)压力机

图9-5　混凝土护栏检测仪器

基础厚度测试结果按实际测量取值,结果允许偏差 ±10% H,H 为设计基础厚度。

2)混凝土护栏块之间的错位测量

用直尺测量相邻两块混凝土护栏块的中轴线之间的错位偏差值,取3次测量平均值,具体要求详参所依据的规范或标准。

测试结果按实际测量取值,结果应小于或等于5mm。

3)护栏混凝土强度测量

采用强度相同,龄期相同,材料来源、生产工艺条件和配合比相同的混凝土试件或者钻芯取样,用压力机进行压力测试并记录数值,来检测护栏混凝土强度。详参《公路工程质量检验评定标准　第一册　土建工程》(JTG F80/1—2017)的规定。

测试结果按实际测量取值计算出强度值,结果应满足设计要求。

9.2.3.4　其他

(1)混凝土护栏的地基承载力应满足设计要求。

(2)混凝土护栏块件标准段、混凝土护栏起终点的集合尺寸应满足设计要求。

(3)混凝土护栏预制块件在吊装、运输、安装过程中,不得断裂。

(4)各混凝土护栏块件之间、护栏与基础之间的连接应满足设计要求。

(5)混凝土护栏的埋入深度、配筋方式及数量应满足设计要求。

(6)混凝土护栏的端头处理及护栏段的处理应满足设计要求。

(7)混凝土护栏表面的蜂窝、麻面、裂缝、脱皮等缺陷面积不得超过该面面积的0.5%;深度不得超过10mm。

(8)混凝土护栏块件的损边、掉角长度不得超过20mm。

(9)护栏线形应无凹凸、起伏现象。

9.2.4　缆索护栏检测

9.2.4.1　概述

缆索护栏是柔性护栏的主要表现形式,主要由端部立柱、中间端部立柱、中间立柱、托架、钢丝绳、索端锚具、夹扣等构件组成。缆索护栏检测方法包括张力法、尺量法、垂线法。缆索护栏检测项目见表9-3。

缆索护栏检测项目表　　　　　　　表9-3

项　次	检测项目	检测频率
1	初张力	详参设计要求和所依据的规范或标准
2	最下一根缆索的高度(mm)	
3	立柱中距(mm)	
4	混凝土基础尺寸	
5	立柱埋置深度(mm)	
6	立柱竖直度(mm/m)	

9.2.4.2　仪器设备

缆索护栏检测仪器包括张力计(图9-6)、直尺、钢卷尺、垂线(图9-7)、立柱埋深检测仪等。

图9-6　张力计　　　　　　　图9-7　垂线

其中,张力计是测量丝网受到拉力作用时其内部与固定丝网接触体之间的相互牵引力大小的仪器。张力计有机械式和电子式两种,张力的单位用gf或者kgf表示,张力也可以用相对数值来表示。张力计就是用相对数值表示张力,通过张力计自身重量使丝网下沉的深度数值(mm)来计算,张力数值可从指示盘上直接读取,或者从控制盘上间接得到。

9.2.4.3　测试方法及结果处理

1) 初张力测量

用张力计逐根测量每段缆索的张力值,结果允许与设计值偏差±5%。

2) 最下一根缆索的高度测量

用直尺测量最下一根缆索轴线距离路面的高度,每1km每侧测试5处,结果允许与设计值偏差±20mm。

3) 立柱中距、混凝土基础尺寸测量

用钢卷尺测量安装完相邻立柱中心点到中心点的距离;混凝土基础尺寸,每个基础长度、宽度各测2点。

立柱中距测试结果按实际测量取值,结果允许与设计值偏差±20mm。

混凝土基础尺寸测试结果按实际测量取值,结果应满足设计要求。

4) 立柱埋置深度测量

按9.2.1节所述进行测试与结果处理。

5）立柱竖直度测量

先在立柱顶端吊垂线,然后用直尺测量垂线与立柱壁面的间距。注意要测量相互垂直的两个面。

测试结果按实际测量取值,结果允许偏差 ±10mm/m。

9.2.4.4 其他

(1)缆索护栏产品应符合《缆索护栏》(JT/T 895—2014)的规定。
(2)端部立柱应安装牢固。基础混凝土强度应满足设计要求。
(3)护栏的端头处理及护栏过渡段的处理应满足设计要求。
(4)护栏各构件表面应无漏镀、露铁、擦痕。
(5)护栏线形应无凹凸、起伏现象。

9.3 波形梁护栏板检测

9.3.1 概述

波形梁护栏是一种以波纹状钢护栏板相互拼接并由立柱支撑的连续结构。它利用土基、立柱、横梁的变形来吸收碰撞能量,并迫使失控车辆改变方向,恢复正常的行驶方向,防止车辆冲出路外,以保护车辆和乘客,减少事故造成的损失。常用波形梁护栏按防撞等级可分为 B、A、SB、SA、SS 五级,一般分为两波形梁钢护栏与三波形梁钢护栏。

两波形梁钢护栏由波形梁板、立柱、端头、拼接螺栓、连接螺栓、防阻块、托架、横隔梁等构件组成,如图 9-8 所示。

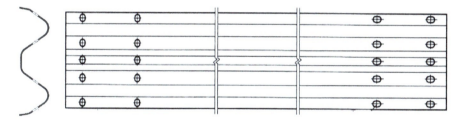

图 9-8 两波形梁钢护栏图示

三波形梁钢护栏由三波形梁板、三波形梁背板、过渡板、立柱、防阻块、横隔梁、端头、拼接螺栓、连接螺栓、加强横梁等构件组成,如图 9-9 所示。

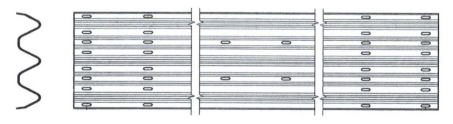

图 9-9 三波形梁钢护栏图示

9.3.2 外观质量检测

主要为手触及目测检查,辅助必要的测量工具检测凸起、凹陷、压坑、擦痕等缺陷。

9.3.3 外形尺寸检测

9.3.3.1 概述

主要测量项目有波形梁板的展开宽度、定尺长度、板宽、基底金属厚度、螺孔尺寸等。

9.3.3.2 仪器设备

主要的测量仪器设备为游标卡尺、板厚千分尺、壁厚千分尺、钢板尺、钢卷尺、万能角尺、镀涂层测厚仪(磁性、电涡流)、超声测厚仪等,如图9-10所示。

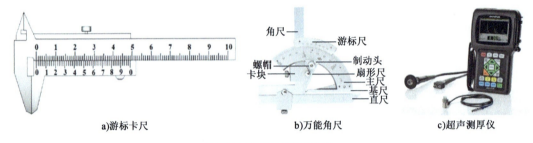

图9-10 外形尺寸检测仪器

9.3.3.3 测试方法及结果处理

1)外观长度、宽度检测

主要包含波形梁板的长度、波形梁板的宽度及其他构件尺寸、成型后的波形梁板展开宽度、护栏立柱的直径或边长、护栏构件金属基板的厚度、构件上孔的尺寸、防阻块尺寸板的波高及其他参数等,均采用相应高精度测量工具进行测量。需要注意的是,对于测量器材的分辨度、精度等均有具体要求,如基底金属厚度,需采用精度0.01mm的千分尺进行测试。

2)外观波形梁板厚度测量

参考9.2.2.3节。测试结果应满足《波形梁钢护栏 第1部分:两波形梁钢护栏》(GB/T 31439.1—2015)、《波形梁钢护栏 第2部分:三波形梁钢护栏》(GB/T 31439.2—2015)的规定。

9.3.4 材料检测

9.3.4.1 概述

材料检测主要针对材料化学成分,主要检测C、Mn、Si、S、P的含量,参照标准为《碳素钢和中低合金钢 多元素含量的测定 火花放电原子发射光谱法(常规法)》(GB/T 4336—2016)。

将制备好的块状样品在光源的作用下对电极进行放电,并产生等离子体。根据样品中被测元素谱线强度(或强度比)与浓度的关系,通过校准曲线计算被测元素的含量。

9.3.4.2 仪器设备

材料检测采用直读式光谱分析仪,其主要由激发光源、火花室、分光计、测试系统等构成,如图 9-11 所示。

9.3.4.3 测试方法

(1)分析工作前,先激发一块样品 2~5 次,确保仪器稳定,使仪器处于最佳工作状态。

(2)校准曲线的制作:在所选定的工作条件下,激发一系列标准样品,每个样品至少激发 3 次,以每个待测元素相对强度平均值和标准样品中该元素的浓度值绘制校准曲线。

(3)每天应用再校准样品对仪器进行校准,校准的间隔时间取决于仪器的稳定性。

图 9-11　直读式光谱分析仪

(4)按步骤(2)中选定的工作条件激发标准样品和分析样品,每个样品至少激发 2~3 次,取平均值。

9.3.5　力学性能检测

9.3.5.1　概述

波形梁板、立柱、端头、防阻块、托架、横隔板、加强板等使用的基底金属应为碳素结构钢,其力学性能指标不应低于《碳素结构钢》(GB/T 700—2006)规定的 Q235 牌号钢的要求。其主要力学性能指标为下屈服强度不小于 235MPa,抗拉强度不小于 375MPa,断后伸长率不小于 26%。

连接螺栓、螺母、垫圈、横梁垫片等使用的基底金属材质为碳素结构钢,其主要力学性能指标为抗拉强度 R_m,R_m 不小于 375MPa。

通过试验机用拉力拉伸试样,一般拉至断裂,测定其力学新能。具体参考《金属材料　拉伸试验　第 1 部分:室温试验方法》(GB/T 228.1—2010),测试方法一般分为应变速率控制测试法和应力速率控制测试法。

图 9-12　万能拉力试验机

9.3.5.2　仪器设备

力学性能检测主要使用的设备为万能拉力试验机,如图 9-12 所示。

9.3.5.3　测试方法

1)应变速率控制测试法(A 法)

该方法的目的是减小测定应变速率敏感参数(力学性能)时试验速率变化和测试结果的测量不确定度。具体参考《金属材料　拉伸试验　第 1 部分:室温试验方法》(GB/T 228.1—2010)。

2)应力速率控制测试法(B 法)

在应力达到规定屈服强度的一半之前,可以采用任意试验速率。具体参考《金属材料 拉伸试验 第 1 部分:室温试验方法》(GB/T 228.1—2010)。

试验方法及操作步骤如下:

(1)针对出厂检验证书等资料,采用人工目测方法逐一核对清楚。

(2)基底金属屈服强度、抗拉强度与断后伸长率检测按《金属材料 拉伸试验 第 1 部分:室温试验方法》(GB/T 228.1—2010)的 B 方法(应力速率)进行,应力施加速率控制在 15MPa/s。当无明显屈服点时,取规定塑性延伸强度 $R_{p0.2}$ 为参考屈服强度,并注明。

(3)基底金属耐弯曲性能检测按《金属材料 弯曲试验方法》(GB/T 232—2010)进行。

(4)连接螺栓连接副的抗拉拔试验按《波形钢护栏 第 1 部分:两波形梁钢护栏》(GB/T 31439.1—2015)的附录 A 进行,使用专用夹具,将装配好的试件夹持在试验机上,在恒定位移速率下(横梁位移速率为 3mm/min)进行抗拉荷载试验。试验装置如图 9-13 所示。

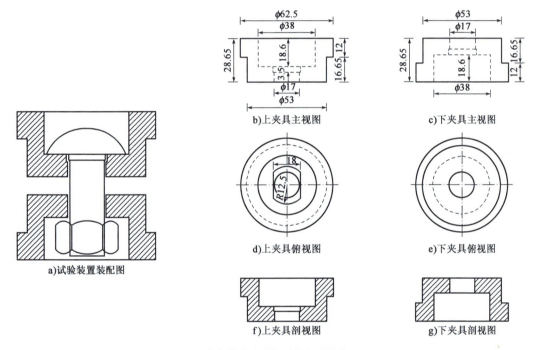

图 9-13 抗拉荷载试验装置图(尺寸单位:mm)

(5)连接螺栓连接副的抗拉强度,按上述方法得到的最大抗拉荷载后除以螺杆的标称面积即为测试结果。

9.3.5.4 结果处理

断后伸长率 A 按式(9-1)计算:

$$A = \frac{L_u - L_0}{L_0} \times 100\% \tag{9-1}$$

式中：L_0——原始标距，mm；
L_u——断后标距，mm。

其余数据分析参考《金属材料 拉伸试验 第1部分：室温试验方法》(GB/T 228.1—2010)。

9.3.5.5 注意事项

（1）结果修约：强度修约至1MPa，断后伸长率修约至0.5%。
（2）使用分辨率足够的测量仪器，如断后伸长量，测量结果准确至±0.25mm。
（3）连接螺栓连接副的抗拉强度测试结果存在争议时，采用9.3.5.3节的试验方法和操作步骤第(2)点作为仲裁方法。

9.3.6 防腐层质量检测

9.3.6.1 概述

交通护栏构件主要为金属构件，其防腐主要使用防腐层，将金属与腐蚀介质隔离开。检测项目包括防腐镀层与基底金属结合牢固程度、防腐镀层厚度、防腐镀层耐腐蚀性能等。检测方法主要包括锤击法、划格法、超声测厚等。

9.3.6.2 仪器设备

千分尺、超声测厚仪、小刀、划格器、酒精等。

9.3.6.3 测试方法

1）防腐层附着性能
（1）锤击法。
①4mm间隔平行打击5点（镀锌、镀铝）。
②打击点应距端部10mm以上，同一点不能重复打击，对于螺栓等小构件，在螺头、螺母、垫圈平面部分各打击1点。
③不凸起、不剥离即为合格。
（2）划格法。
①用单刃小刀在涂层上间隔2mm网格划透涂层，如图9-14所示。
②用25mm宽胶带粘贴，至少对3个不同位置进行拉剥试验，若3次结果不一致，则重新选定3处重复试验。针对螺栓等小构件，只需要测试1个位置。

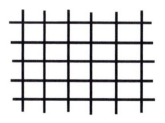

图9-14 划格法示意图

2）防腐层耐盐雾腐蚀性能
不同的镀层，进行不同的耐盐雾腐蚀性试验，具体参考《公路交通工程钢构件防腐技术条件》(GB/T 18226—2015)针对不同镀层的试验方法。

3）防腐层抗弯曲性能
镀铝构件的铝层应与基底金属结合牢固，经弯曲试验后，弯曲部位铝层不剥离、不凸起，不得开裂或起层到用裸手指能够擦掉的程度。

4)防腐层厚度

钢构件基体上的单一涂层及复合总涂层厚度按《磁性基体上非磁性覆盖层 覆盖层厚度测量 磁性法》(GB/T 4956—2003)的规定进行测量,以测量值的算术平均值表示测试结果,若测试值中 10% 以上的值超出技术要求范围,即使算术平均值符合技术要求,该结果仍不符合技术要求。

9.3.6.4 结果处理

(1)根据切口脱落情况,附着性能结果分为 0~5 共计 6 个等级,其中 0 级为最好。

(2)单涂层测量。

①测量点数:波形梁板测试 3 个断面,每个断面 3 个点,双面共计 18 个点。立柱、托架、防阻块内外各 5 个点,共 10 个点。连接螺栓螺头、螺母、垫圈各 3 个点,共 9 个点。

②结果取值:算数平均值。

③结果判定:

镀锌:板及立柱涂层厚度大于或等于 84μm,螺栓涂层厚度大于或等于 49μm。

镀铝:板及立柱涂层厚度大于或等于 44μm,螺栓涂层厚度大于或等于 41μm。

其他构件与板及立柱相同。

(3)双涂层测量。

①测量点数:与单涂层一致。

②结果取值:与单涂层一致。

③结果判定:

板及立柱内涂层镀锌厚度大于或等于 39μm,镀铝厚度大于或等于 23μm,锌铝合金厚度大于或等于 45μm。

螺栓内涂层镀锌厚度大于或等于 17μm,镀铝厚度大于或等于 23μm,锌铝合金厚度大于或等于 35μm。

外涂层,聚酯涂层厚度大于或等于 76μm;内涂层为镀锌、镀铝时,聚乙烯、聚氯乙烯涂层厚度大于或等于 0.25mm,内涂层为锌铝合金时,聚乙烯、聚氯乙烯涂层厚度大于或等于 0.15mm。

9.1 常用的护栏立柱埋置深度检测方法有哪些?

9.2 详述防腐层附着性能的等级划分及等级排序。

9.3 测量混凝土护栏横向偏位的要求有哪些?

9.4 立柱埋置深度检测的抽样率是多少?

9.5 立柱竖直度测量需要用到哪些工具?

本章参考文献

[1] 中华人民共和国交通运输部. 公路工程质量检验评定标准 第一册 土建工程:JTG F80/1—2017[S]. 北京:人民交通出版社股份有限公司,2018.

[2] 河北省质量技术监督局. 公路护栏钢质立柱埋深无损检测规程:DB13/T 2728—2018[S].

[3] 中华人民共和国国家质量监督检验检疫总局,中国国家标准化管理委员会. 钢质护栏立柱埋深冲击弹性波检测仪:GB/T 24967—2010[S]. 北京:中国标准出版社,2011.

[4] 中华人民共和国交通运输部. 缆索护栏:JT/T 895—2014[S]. 北京:人民交通出版社股份有限公司,2014.

[5] 中华人民共和国国家质量监督检验检疫总局,中国国家标准化管理委员会. 波形梁钢护栏 第1部分:两波形梁钢护栏:GB/T 31439.1—2015[S]. 北京:中国标准出版社,2015.

[6] 中华人民共和国国家质量监督检验检疫总局,中国国家标准化管理委员会. 波形梁钢护栏 第2部分:三波形梁钢护栏:GB/T 31439.2—2015[S]. 北京:中国标准出版社,2015.

[7] 中华人民共和国国家质量监督检验检疫总局,中国国家标准化管理委员会. 金属材料 拉伸试验 第1部分:室温试验方法:GB/T 228.1—2010[S]. 北京:中国标准出版社,2011.

[8] 中华人民共和国国家质量监督检验检疫总局,中国国家标准化管理委员会. 金属材料 弯曲试验方法:GB/T 232—2010[S]. 北京:中国标准出版社,2011.

[9] 中华人民共和国国家质量监督检验检疫总局,中国国家标准化管理委员会. 碳素钢和中低合金钢 多元素含量的测定 火花放电原子发射光谱法(常规法):GB/T 4336—2016[S]. 北京:中国标准出版社,2016.

[10] 中华人民共和国国家质量监督检验检疫总局,中国国家标准化管理委员会. 公路交通工程钢构件防腐技术条件:GB/T 18226—2015[S]. 北京:中国标准出版社,2015.

第 10 章　道路标志标线检测

 学习指南

本章主要介绍道路标志标线的测试方法、测试原理、适用检测范围等。在学习过程中,需要掌握标志立柱竖直度、标志板净空高度、土路肩边缘线距离、标志逆反射系数测试方法和技术特点,了解道路标志标线检测项目中各检测方法的测试原理及适用条件。

10.1　概述

道路交通标志标线,是引导道路使用者有秩序地使用道路,促进道路交通安全、提高道路交通运行效率的基础设施,用于告知道路使用者通行权利,明示道路交通禁止、限制、遵行状况,告示道路状况和交通状况等信息。

本章主要针对道路标志及标线的尺寸、光学参数、化学性能及物理性能等参数,进行检测方法的介绍。

10.2　标志检测技术

在道路安全中,标志(图 10-1)促进了道路畅通,提高了道路交通运行效率。道路标志混乱、未按设计进行施工,或者模糊不清等会直接影响车辆行驶安全。

道路标志检测项目主要包括标志面反光膜逆反射系数,标志板下缘至路面净空高度,柱式标志板、悬臂式和门架式标志立柱的内边缘距土路肩边缘线距离,立柱竖直度。常用于上述项目检测的方法包括垂线法、测量法、声波法、逆反射法等。在方法选择上,一般优先考虑无损检测方法,当对检测结果有怀疑时,应采用破损方法进行验证。

图 10-1　标志示意图

10.2.1　标志面反光膜逆反射系数检测

10.2.1.1　方法介绍

标志面本身不发光,需要通过反射车灯等的入射光线来提供文字及图面信息,因此其反射能力直接关系到可视性。为了提高反射能力,标志面上一般都贴有反光膜,所以常用反光膜逆反射系数来定义其反射能力。

反光膜逆反射系数采用比率法进行测试,可通过测量反射照度和入射照度并计算其比值得出。

10.2.1.2　仪器设备

标志逆反射系数检测仪(图 10-2),主要包括光接收器、投射光源、角度计试样架和接收器光源架。仪器设备具体要求参考《逆反射体光度性能测试方法》(JT/T 690—2007)。

图 10-2　标志逆反射系数检测仪

10.2.1.3　操作步骤

(1)选择最小孔径。选择合适的最小孔径,要求从光接收器中可观测到整个逆反射体,也可从逆反射体观测到光源。

(2)测量法向照度。将光接收器的入射孔径放置在试样位置,用光接收器取代试样来测量试样表面的法向照度,记为 m_2。

(3)测试反射照度。将光接收器和试样放回原来的位置,测试试样的反射照度,记为 m_{10}。

(4)测量杂散光。用一个形状和面积与试样相同、其表面光泽度不会影响读数的黑色表面来取代试样,测量杂散光的大小,记为 m_0。

10.2.1.4　数据分析

1)求试样反射照度 m_1

从读数 m_{10} 中减去杂散光读数 m_0,得到 m_1。

2)光接收器修正

如光接收器不能校正为 CIE 国际照明委员会标准明视觉观测器,则应使用颜色校正因子进行修正。

3)反射系数 R_A 计算

$$R_A = \frac{m_1 d^2}{m_2 A} \tag{10-1}$$

式中:A——试样面积,m^2;

m_2——试样表面法向照度;

d——观察距离,m。

测试结果应满足设计要求。

10.2.2 净空高度和土路肩边缘线距离检测

10.2.2.1 方法介绍

主要检测内容包括标志板下缘至路面净空高度,柱式标志板、悬臂式和门架式标志立柱的内边缘至土路肩边缘线距离。前者使用经纬仪、全站仪或者尺量方法,后者使用尺量。

10.2.2.2 仪器设备

主要检测仪器设备包括经纬仪、全站仪、钢卷尺等,如图 10-3 ~ 图 10-5 所示。

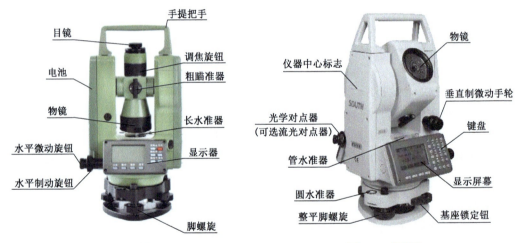

图 10-3 经纬仪　　　　　　　　　图 10-4 全站仪

10.2.2.3 操作步骤

(1)标志板下缘至路面净空高度检测。

采用直尺或钢卷尺测量,也可采用经纬仪或全站仪配合测量。分别从每块标志板下缘端部、中部三个基点测量其至路面的竖向距离,取最小值(即最不利点的值)作为标志板下缘至路面净空高度。

(2)土路肩边缘线距离检测。

采用钢卷尺量取柱式标志板、悬臂式和门架式标志立柱的内边缘至土路肩边缘线距离。

10.2.3 立柱竖直度检测

10.2.3.1 方法介绍

立柱竖直度检测采用垂线法。垂线就是所谓的垂直于斜线就垂直于垂线,垂直于垂线就垂直于斜线。应在无风的条件下测试。

10.2.3.2 仪器设备

垂线、直尺。

10.2.3.3 操作步骤

(1)选择标志立柱。
(2)加载垂线。
(3)沿结构物测试部位吊下线锤,待线锤稳定后,用量尺取测试范围内的结构物上部表面到垂线的水平距离和下部表面到垂线的水平距离。同时测量测试范围内结构物的高度 H。

图10-5　钢卷尺

10.2.3.4 数据分析

结果允许偏差 ±3mm/m。

10.2.3.5 注意事项

每根立柱测试2点。

10.3 标线检测技术

道路标线(图10-6)是由标划于路面上的各种线条、箭头、文字、立面标记、突起路标和路边线轮廓标等构成的交通安全设施。它可与道路交通标志配合使用,也可单独使用。道路标线起管制和引导交通的作用。其具体作用如下:

(1)实行分道行进。
(2)渠化平交路口交通。
(3)预告行进方向,保障交通安全。
(4)为交通守法和执法提供依据。

道路标线检测内容主要包含标线线段长度、标线宽度、标线厚度、标线横向偏位、标线纵向间距、逆反射亮度系数和抗滑值等。

图10-6　道路标线示意图

10.3.1 方法介绍

标线检测方法包括逆反射法、尺量法、摩擦法等。

逆反射法采用逆反射标线测试仪(图10-7)进行测量,操作简单,使用方便,可用于交通安全管理和公路、铁路、航空等有关部门对逆反射标志(反光膜等)进行现场实测,货车类机动车车身反光标志反光性能的测量,生产逆反射材料反光质量的检测,以确保逆反射标志材料达到有关标准规定的要求。尺量法是指利用钢尺测量。摩擦法是指利用摆式摩擦系数测试仪(图10-8)测量路面的摩擦系数。

图 10-7　逆反射标线测试仪

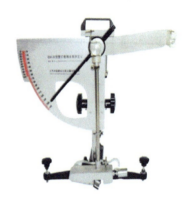

图 10-8　摆式摩擦系数测试仪

10.3.2　仪器设备

钢卷尺、游标卡尺、逆反射标线测试仪、摆式摩擦系数测试仪等。

10.3.3　操作步骤

1)尺量法

(1)各类尺寸检测:用分度值不大于0.5mm的钢卷尺测量抽样检测点上的标线所在位置、标线宽度及间断线的实线段长度、纵向间距以及其他标线的尺寸。

(2)标线厚度(干膜)检测:标线施工时,先准备好厚度0.3mm以上,尺寸为300mm×500mm且光亮、平整的金属片,预先测量其厚度。将金属片放置在将要划制标线的始端或终端处,用划线机划过后取出。5~10min后,用游标卡尺测量金属片上四角含涂层的总厚度,减去金属片原厚度即为涂层厚度。

2)逆反射法

逆反射法用于测试逆反射亮度系数,分为非雨夜反光标线法、雨夜反光标线法和立面反光标记法。

通过一定的物理结构、传感器采集和数据计算得到逆反射系数,要用已计量的标准逆反射系数板(或桶)进行标定。调整逆反射标线测试仪的入射角和观测角至满足规定条件,按顺序将试样的不同部位放在仪器的测量孔下(试样应全部覆盖测量孔)进行测量,记录逆反射系数值。

3)摩擦法

摩擦法主要应用于测试摆式摩擦系数值(BPN),分为抗滑标线测试和彩色防滑路面测试,采用摆式摩擦系数测试仪,根据摆的位能等于摆臂末端橡胶片滑过路面过程中克服路面摩擦力所做的功进行测试。

习题

10.1 常见的标志标线检测方法有哪些?

10.2 标志标线检测参考的标准有哪些?(至少列出3条)

10.3 道路标志检测项目主要有哪些?

本章参考文献

[1] 中华人民共和国交通运输部. 公路工程质量检验评定标准 第一册 土建工程:JTG F80/1—2017[S]. 北京:人民交通出版社股份有限公司,2018.

[2] 中华人民共和国国家质量监督检验检疫总局,中国国家标准化管理委员会. 道路交通标线质量要求和检测方法:GB/T 16311—2009[S]. 北京:中国标准出版社,2010.

[3] 中华人民共和国国家质量监督检验检疫总局,中国国家标准化管理委员会. 道路预成形标线带:GB/T 24717—2009[S]. 北京:中国标准出版社,2009.

[4] 中华人民共和国国家质量监督检验检疫总局,中国国家标准化管理委员会. 新划路面标线初始逆反射亮度系数及测试方法:GB/T 21383—2008[S]. 北京:中国标准出版社,2008.

[5] 中华人民共和国交通部. 逆反射体光度性能测试方法:JT/T 690—2007[S]. 北京:人民交通出版社,2007.

第5篇 信息化管理篇

作为加快转变经济发展方式的重要途径,以及推进经济结构战略性调整的重要内容与手段,信息化建设已经进入我国社会建设的方方面面。在公路工程领域,信息化管理同样具有重要意义,通过运用信息化技术,提高信息的网络流动性,可以促进行业的健康发展。

本篇将从信息化技术概述、试验检测数据信息化以及远程监测系统三个方面来讲述。

第 11 章　信息化技术概述

　　本章介绍了信息化管理的概念、公路工程信息化技术的意义、应用及发展趋势。通过本章的学习,初步认知什么是公路工程中的信息化管理技术,为更深层次的学习打下良好的基础。

11.1　公路工程信息化技术的意义

　　随着我国现代化水平的不断提高,公路工程的建设和管理水平已经成为衡量我国经济发展水平的重要标志之一,而对于公路现代化管理的实现,公路信息化建设起到了巨大的推动作用。
　　在现今全球经济爆发式增长的时代,加快信息化建设,对于推动我国经济发展以及工业发展技术信息化、现代化有着非常重要的作用。而在推动我国经济发展以及工业发展技术信息化、现代化的过程中,公路工程这一基础设施环节的信息化建设更是重中之重。

11.2　信息化管理的概念

　　信息化管理是指通过对现代信息技术和信息资源的有效利用、合理规划以及控制,从而实现其对社会活动的积极促进作用。具体包括对信息资源与活动的收集和传输、加工和存储管理信息,以及在此基础上,计划、指导和监督各项工作的开展。信息化管理系统示例如图 11-1 所示。
　　信息化管理的实质就是在管理理念中融入现代化信息技术,重新整理内外多方面信息资源,促进管理水平和效率提升,从而进一步提高核心竞争力的过程。信息化管理主要包括四部分要素:

(1) 信息收集。
(2) 数据平台建设。
(3) 数据的深度挖掘。
(4) 共享信息资源。

图 11-1 典型的信息化管理系统主页

11.3 信息化管理在公路试验检测中的应用及作用

信息化管理在公路试验检测中主要应用于：
(1) 实验室试验机、内业数据的信息化管理。
(2) 现场检测数据的信息化管理。
(3) 试验人员、设备、项目、报告等的流程信息化管理。

信息化管理不仅可以有效提升公路试验检测工作效率，降低运营成本，提升管理质量，还可以间接提升公路建设质量。

例如，在信息化管理模式下，可以对工程施工进行 24 小时监测，管控施工材料及施工进度，将施工进度综合到一起，通过信息化平台对其进行检测，自动处理报表与归档问题。通过信息化管理的方式对试验数据进行监控，如果发现试验数据不符合设计要求，可在最短的时间内作出反应。通过保障试验检测数据的真实性、可靠性，提升响应和反馈速度，从而提升公路工程施工质量。

习题

11.1 信息化管理在公路试验检测中的优点有哪些？
11.2 简述信息化管理的定义。

本章参考文献

[1] 陈书民.高速公路信息化管理的必要性[J].交通世界(运输·车辆),2010(5):144-145.
[2] 游晓英.高等级公路建设信息化平台研究[D].西安:长安大学,2012.
[3] 高原.承德高速公路信息化管理系统规划与设计[D].成都:电子科技大学,2010.
[4] 王莉.高速公路服务区管理及其信息化建设[D].西安:长安大学,2008.
[5] 肖金丽,谭忠山,刘媛媛.设备信息化管理系统的研究与应用[J].科技与企业,2012(8):29.

第 12 章　试验检测数据信息化

本章详细介绍了试验检测中的数据信息化内容,主要包括试验室信息化、检测数据的信息化、数据格式的标准化,以及数据管理系统和试验检测数据信息化应用案例。

12.1　试验室信息化

12.1.1　试验室信息化的意义

信息化是当今世界经济社会发展的必然趋势,已然成为推动人类社会高速发展的强大动力。工程信息化不仅在工程建设质量监测中发挥越来越大的作用,而且在整个交通行业发展过程中处于十分重要的地位,是交通行业发展的战略制高点和衡量现代化的主要标志。

试验检测是工程建设的重要组成部分,利用先进的信息化手段进行试验检测(包括工地试验室、实体检测等)的改造升级,对实现检测管理的信息化、现代化、精细化,提高试验数据管理效率等具有非常积极的意义。

12.1.2　传统工地试验室存在的问题

传统工地试验室主要存在以下问题:

1)数字化程度低

工地试验室中一般有各类试验机及小型试验器具。限于成本及技术水平等因素,很多试验机、试验器具还是老式的、模拟量的,有不少试验还需要人工记录和填写数据。由于自动化、数字化程度低,增加了劳动强度,也对检测精度产生不利影响。

2)管理水平低

在很多工地试验室,其管理还处于比较粗放的状态。例如,在工地试验室进行某项试验,给出相应的报告后,虽然也会对原始数据、文档等进行简单的保存,但经过一段时间或者出现人员变动时,原有的数据、文档往往会遗失。此外,擅自修改数据、文档等陋习乃至违法违规行为也时有发生,对工程质量和安全造成隐患。

3)互通能力差

工地试验室一方面连接委托方(施工单位、材料供应商等),另一方面连接建设方、上级主管部门。在信息化社会,数据的互联互通必不可少。然而,由于数据格式的不一致等,绝大多数工地试验室与其他对象间还无法实现数据共享,只是简单地用文档进行数据传递。这给数据挖掘、精细化管理等带来了很大的障碍。

由此可见,对工地试验室进行信息化改造是非常有必要的。

12.1.3 试验室信息化管理平台

12.1.3.1 相关政策解读

早在 2012 年,交通运输部办公厅就出台了《关于印发工地试验室标准化建设要点的通知》(厅质监字〔2012〕200 号),为了进一步细化工地试验室标准化建设和管理的各项标准和要求,交通运输部工程质量监督局组织编写了《公路工程工地试验室标准化指南》。其中信息化管理明确:各公路建设项目参建单位可以通过逐步构建统一的工地试验检测信息化管理平台,提高试验检测工作效率、减少人为差错、实现数据资源共享,同时有利于试验检测管理的科学化与规范化,为工程质量管理提供分析决策。

12.1.3.2 管理平台组成

试验室信息化管理平台一般由以下系统组成:记录及报告标准化系统、试验室日常工作管理系统、重点试验数据采集系统(包括拌合站)、试验检测数据库、远程视频监控系统,如图 12-1 所示。

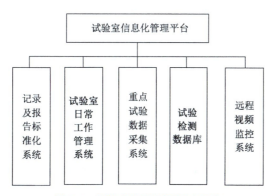

图 12-1 试验室信息化管理平台组成

试验室信息化管理平台主要实现项目数据的自动采集、上传、汇总分析、过程监控和专项监督评价。

12.1.4 工程试验检测管理信息系统的常见功能

工程试验检测管理信息系统不是一个单一用户系统,需要面对设计单位、业主单位、质量监督单位、试验室、监理单位、施工单位及材料供应商等用户,其角色关系如图12-2所示。系统面对整个公路项目参建方,实现试验检测数据结果及时反馈,使试验检测数据真正地指导施工质量,避免试验检测结果流于形式。

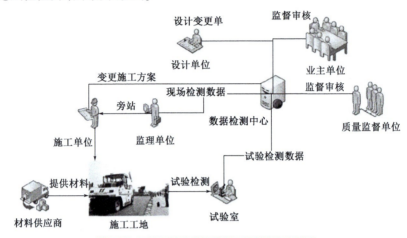

图12-2 工程试验检测管理信息系统的角色关系

12.1.4.1 数据采集模块

工程试验检测管理信息系统是通过建设一个数据中心,利用智能设备扩展数据通道采集试验仪器数据,将数据格式统一后通过数据中心进行分析处理。

12.1.4.2 数据自动运算模块

公路路基路面工程试验检测以三个方面的内容为主:原材料试验项目、测量检查项目和现场检测项目。为了取得相关项目的数据指标,就这三项检测内容进行计算和原始数据统计,最终为竣工资料的形成做好基础准备。

12.1.4.3 远程监控模块

工程试验检测管理信息系统为质量监督人员提供了统一的数据采集平台,通过该系统的远程监控模块能够合理掌控施工进度,实现足不出户就能对试验检测过程进行高质量管理。

(1)实时在线监控试验检测每一个过程是否按试验检测的相关要求规范进行。
(2)实时在线监控试验检测仪器采集的原始数据,避免试验检测结果被人为干预。

12.2 检测数据的信息化

路基路面试验检测数据管理困难,主要有以下几点原因:
(1)数据量大。公路建设过程会产生大量的数据和资料,如试验检测报告、工程进度表、工程变更方案等。

（2）技术性强。工程数据中有大量的工程设计图纸、工程设计造价文件、工程勘探数据等专业工程文件，需要一定的专业技能才能对其进行有效、合理的分类。

（3）涉及单位多。公路建设中需要不同的施工、监理、检测单位参与。文档的归属和查阅权限需要谨慎设计。

（4）周期长。从项目立项到道路通车运营，历时至少数年。

（5）数据归属复杂。数据档案管理部门众多，除国家档案局，还有业主单位、投资方、运管单位等，数据与数据之间的关联性差。在交通工程质量管理中，工程质量受太多因素影响，很难确定哪项数据是质量的决定性因素。长期以来，不少项目中工程数据管理都是松散且不健全的。大量的工程数据散布在每个工程节点单位，没有进行系统的管理和归纳，造成某些工程项目在质量部门检查时，出现连夜突击制造假数据的情况。

因此，对试验检测的数据实行信息化管理是十分必要的。试验数据的信息化管理主要包括以下内容：

（1）试验数据的监测：在数据计算中引入自动计算功能，将试验原始数据录入系统后可自动计算出试验结果，并通过物联网监测系统对试验人员的试验操作行为进行监测管理。

（2）手写试验数据的数字化转换：检测试验数据繁多，面对海量数据，人工计算和操作时不免会出错。严格依照最新的试验规程及标准在信息管理系统中设定试验检测项目，实现自动计算、绘图、分析，对施工单位输入的检测数据进行合理性判断，当数据不满足要求时出现警告提示，屏蔽用户的不合理数据，确保录入数据的正确性，大大地降低了用户在录入阶段的出错率。

（3）数据统计分析：系统可以将一个阶段或一个标段的试验数据进行数理统计分析。

（4）质量信息的动态管理：由上述数据的数据统计功能延伸，可以在各标段、单位、分部、分项工程的其他检测项目中同样运用该功能。如抽取、汇总某路段或者整个标段的压实度、弯沉、混凝土强度、基层强度、路面厚度等重要参数，进行数值分析，得出平均值、极差、质控上线下线，并以直方图这一直观的方式显示质量分析结果，从而反映出施工单位施工质量水平的变化，为建设单位的质量动态管理提供即时的数据依据。

12.3　数据格式的标准化

12.3.1　概述

数据格式的标准化就是对数据进行分类编码、分层等统一处理，主要包括项目与人员信息、设备信息、检测原始数据、检测结果、报告等方面的标准化。此外，数据信息涉及面广、内容复杂，既有各种参数、指标等可量化的信息，又有大量各种现象与特征描述等无法量化的信息。而且，由于试验检测设备种类、厂商众多，即使是同一试验检测项目，其记录、保存的数据格式也可能大不相同。这种格式的多样化，给数据共享、数据管理等带来很大的不便。为此，数据格式标准化在信息化社会是非常必要的。

检测数据通常包括两部分内容:检测信息(如项目名称、单位、人员、时间、地点、采用的仪器设备、主要检测结果等)和原始数据。其中,原始数据一般与检测设备、分析软件相匹配,一般用于备查,而检测信息往往是管理方所关注的。因此,在制定标准时,必须充分考虑两者,使其在满足数据收集与整理需要的同时,又能方便推广和应用。

12.3.2 数据传输格式

在数据传输中,常用的三种数据格式分别为 JSON、XML、YAML。

1)JSON

JSON 是一种轻量级的文本数据交换格式,在语法上与创建 JavaScript 对象的代码相同,由 key/value(键/值)构成。JSON 格式如图 12-3 所示。

JSON 格式具有以下优点:

(1)具有自我描述性,易于阅读和编写,也易于机器解析与生成。

(2)虽然 JSON 使用 JavaScript 语法来描述数据对象,但是其仍然独立于语言和平台。JSON 解析器和 JSON 库支持多种不同的编程语言。目前非常多的动态(PHP,JSP,. NET)编程语言都支持 JSON。

(3)非常适用于服务器与 JavaScript 交互。

2)XML

XML 是可扩展标记语言,标准通用标记语言的子集,是一种用于标记电子文件使其具有结构性的标记语言。XML 格式如图 12-4 所示。


```
{
  "dates": {
    "date": [
      {
        "id": "1",
        "name": "JSON",
        "abb": "JavaScript Object Notation"
      },
      {
        "id": "2",
        "name": "XML",
        "abb": "eXtensible Markup Language"
      },
      {
        "id": "3",
        "name": "YAML",
        "abb": "Yet Another Markup Language"
      }
    ]
```


图 12-3 JSON 格式


```
<?xml version="1.0" encoding="UTF-8" ?>
<dates>
    <date>
        <id>1</id>
        <name>JSON</name>
        <abb>JavaScript Object Notation</abb>
    </date>
    <date>
        <id>2</id>
        <name>XML</name>
        <abb>eXtensible Markup Language</abb>
    </date>
    <date>
        <id>3</id>
        <name>YAML</name>
        <abb>Yet Another Markup Language</abb>
    </date>
```


图 12-4 XML 格式

XML 格式具有以下优点:

(1)XML 文档的内容和结构完全分离,便于内容更新及维护。

(2)XML 为纯文本格式,互通性强。

（3）可扩展性强。根据 XML 的基本语法可限定使用范围和文档格式,从而定义一种新的语言。

3）YAML

YAML 格式如图 12-5 所示,其适用范围如下:

（1）由于实现简单,解析成本低,YAML 特别适合在脚本语言中使用。

（2）YAML 较适合做序列化,因为它是由 YAML 宿主语言数据类型直转的。

（3）YAML 做配置文件也不错。比如 Ruby on Rails 的配置选的就是 YAML。

图 12-5　YAML 格式

12.4　数据管理系统

12.4.1　数据管理系统的主要组成

数据管理系统主要由服务器和应用组成。

1）服务器

服务器包含两个方面的内容。第一是指硬件主机,完成各类运算、存储的计算机;第二是指服务器实现各类功能的程序。数据源通过各种渠道发送到服务器后,服务器负责对接收到的数据进行判断处理,对不合规的数据拒绝接收,对合规的数据进行整理,根据业务逻辑进行处理,最终将数据存入数据库或者将文件存储到磁盘指定位置。除此之外,服务器还将为其他应用提供数据接口,起到承上启下的作用。

2）应用

数据应用范围非常广泛,大致分为数据展示、数据分析。数据展示常见的有数据浏览、查询、下载,比如 Web 端数据表格、图片、文字等。借助 BIM 等技术,还可采用 3D 展示技术进行数据可视化,如图 12-6、图 12-7 所示。

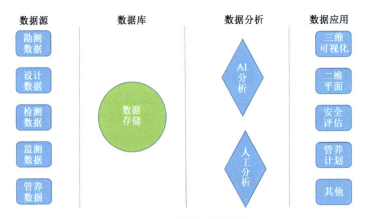

图 12-6　数据管理示意图

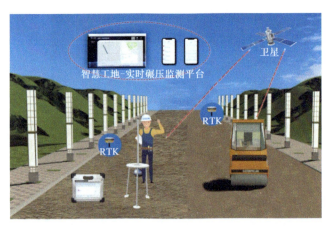

图 12-7　BIM 模型（路基）

12.4.2　数据管理系统的功能

数据管理系统的基本功能是按照用户要求，从大量数据资源中提取有价值的数据。针对土木行业数据管理系统，主要是将建筑结构全生命周期产生的数据进行统一存储，并为数据展示、分析等应用提供数据支持，建立建筑结构全生命周期数据档案，实现数据共享。

1）数据存储功能

为了方便数据的统一管理，将数据集中存储在专用服务器中。根据数据类型的不同可以采用不同的存储方式。对于检测数据，可以采用行化存储直接存储在数据库中，如检测时间、检测人员、数据化的检测结果等；对于监测中的文件、报告、图片、视频等无法行化的数据，则采用文件的形式将其进行压缩后存入磁盘。数据的统一存储，可以有效地解决数据丢失、割裂、冗余等问题，同时降低数据维护管理的人工成本，提升效率。

在数据存储中，目前主流的数据库软件有三种：Oracle、SQLServer、MySQL。它们具有使用方便、可伸缩性好、与相关软件集成程度高等优点，可存储海量的数据，并提供高效的数据查询提取等接口，方便上层应用的增、删、查、改等操作。

2）数据处理功能

数据管理系统的一个重要功能是数据处理。简单的处理如数据统计、分类等可以通过数据库完成；涉及运算判定、审核的数据分析需要服务器的参与；更加复杂的分析如数据挖掘、趋势预判等，除服务器外，还需要接入更加强大的数据处理平台，如机器学习、数据解析模块等。

12.5 试验检测数据信息化应用案例

12.5.1 智慧工地建设

以某城投公司智慧工地平台建设为例。该平台建设框架如图12-8所示，平台通过物联网、互联网、大数据、地理信息系统（GIS）等技术，利用安装在建筑施工作业现场的各类传感装置，构建智能监控和防范体系，构建覆盖"参建企业方、项目管理方、劳务班组及个体"的三级联动"智慧工地"管理平台，着力解决当前工地现场管理的突出问题，围绕现场人员、材料、设备等重要资源的管理，构建一个实时、高效的远程智能监管平台，有效地将人员监控、位置定位、工作考勤、机械设备监控、物资管理等资源进行整合。通过现场相关信息的采集和分析，为管理层进行人员调度、设备和物资监管以及项目整体进度管理提供决策依据。

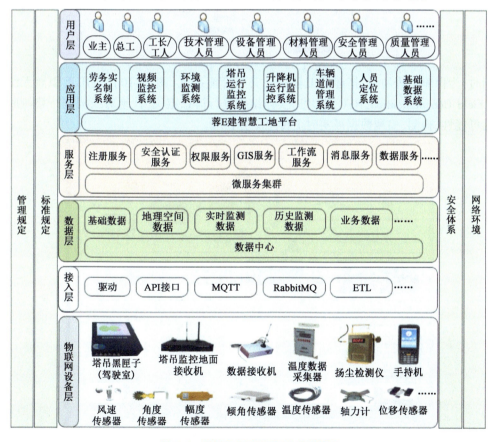

图12-8 某城投公司智慧平台建设框架

该平台的数据源于施工现场各片区、分场传感器,监控摄像头及人员定位便携终端等,因此系统可以灵活地适应数据源的变化。

系统包含工地试验室的信息管理系统(图12-9),该系统可以对试验全程产生的信息数据进行流程化管理,可对试验样品进行联网管理、数据溯源。

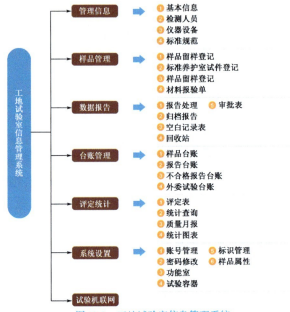

图12-9　工地试验室信息管理系统

同时,为保障工程质量,搭建了工程质量安全管理系统(图12-10),应用近距离无线通信(Near Field Communication,NFC)芯片对实体结构进行信息定位,杜绝对结构进行检测时数据造假的可能性,检测、监测数据可实时上传至服务器端。

图12-10　工程质量安全管理系统

12.5.2 基于光学字符识别(OCR)的回弹法表单识别技术

在试验检测中,由于传统设备、方法的局限,存在着大量的手写表单。这些表单数据需要转化成数字化数据进行存储和进一步流动,传统的通过人工输入进行数据数字化的方式存在效率低和正确率低等问题。对此,基于 OCR 技术的手写数据数字化是很好的解决手段。

OCR 技术是一种利用光学技术和计算机技术,进行图片上或纸上文字提取的技术,主要用于提取文本图像文件上的文字内容,其应用领域十分广泛,如图 12-11 所示。

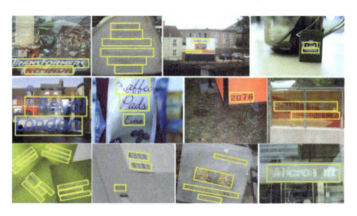

图 12-11　OCR 技术的应用

OCR 文字识别技术包含三个模块:图像预处理模块、图像分割模块、字符识别模块。

(1)图像预处理。通过对图像进行预处理,可以对因图片拍摄角度变换带来的影响进行矫正(图 12-12),并且对图像进行去噪处理。

图 12-12　图像角度矫正

(2)图像分割。对图像中的文档版面进行分割(图 12-13),将文本进行分割从而提取出字符。

(3)字符识别。将分割好的字符代入训练好的 AI 文字识别模型进行字符识别。

下面,以回弹仪记录表单(图 12-14)为例,说明利用 OCR 技术可以实现对回弹法手写记录表单数据进行识别转换的操作步骤。

(1) 利用手机拍照。

(2) 拍摄完成后,调用 AI 模型进行文字识别。

(3) 对识别进行审核、确认。对错误的地方,进行人工改正。

(4) 保存和上传数据。

图 12-13　图像中字符分割

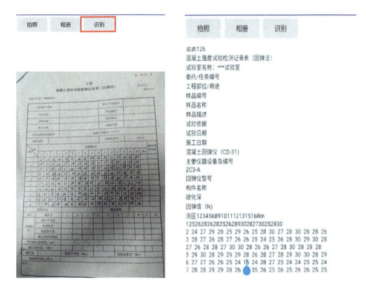

图 12-14　回弹仪记录表单 OCR 文字识别

习题

12.1　传统试验室数据管理的弊端有哪些?

12.2　简述常用的数据传输格式。

本章参考文献

[1] 刘海宁,施浩. 基于 Android 平台智能手机实现试验室管理系统[J]. 硅谷,2012(6):23-24.

[2] 王菊娇,艾娇燕,罗冠.基于安卓移动平台的高校电子信息试验室耗材管理系统的设计与研究[J].科技展望,2016(19):17-18.

[3] 赛多利斯科学仪器有限公司.LIMS实验室信息管理系统[J].传感器世界,2007(1):51.

第 13 章　远程监测系统

 学习指南

本章介绍了远程监测系统的相关知识,讲解了远程监测系统的四个组成部分,即数据感知系统(传感器)、数据采集传输系统、数据中心(数据库)、管理平台,还介绍了路基沉降监测及智能连续压实控制系统。

13.1　概述

13.1.1　远程监测系统简介

对于道路这样的重要基础设施,无论是在施工,还是在运营阶段,对其健康状态进行监测都是十分有益的。它可以起到提高施工质量、保障设施运行安全、优化管理决策等作用,近年来日益受到重视。

传统的监测依赖人工定期用传统仪器到现场进行测量,监测工作量大,而且受天气、人工、现场条件等许多因素的影响。目前,随着传感器技术、信息采集技术及物联网技术的发展,并随着人口"少子高龄化"以及劳动力成本的不断攀升,相比传统的依赖人工的监测手段,基于物联网的实时远程监测的优势越来越突显,已逐渐成为主流。

远程监测是指利用现场的传感器获取相关的数据,通过物联网等通信技术,将数据传输至数据中心(服务器)。再利用服务器对上传的数据进行处理、分析、评估、判定,并通过互联网平台对结构状态、评估、预测、处置等信息进行展示、查询和管理,以实现对施工质量的实时在线监测。

对于路基路面,其沉降(表面沉降、内部分层沉降)直接影响路面结构的健康状态和行车安全,是需要监测的主要项目。此外,高填方道路的边坡稳定性(内部倾斜等)也是关注和监测的对象。

在路基路面施工中,碾压也是重要的环节。近年来,智能连续压实控制(ICCC)作为新一代智能施工质量监控技术,得到了广泛关注。智能连续压实控制技术可以在碾压机械工作时,对其碾压轨迹、工作状态,以及路基的力学特性等进行实时监控,其效果较传统的挖坑灌砂法等有了质的飞跃。

13.1.2 远程监测系统的组成

远程监测系统的主要功能是完成对传感器信号的解调、采集,以及将采集到的传感器信息进行预处理,并将处理后的数据传输至服务器进行全面处理、分析、评估等。该系统通常由数据感知系统(传感器)、数据采集传输系统、数据中心与管理平台组成。远程监测系统与BIM结合是一个趋势,其架构如图13-1所示。

图13-1 远程监测系统的数据采集及传送架构

注:BQIM(Building Quality & Health Information Modeling System,工程质量及健康信息模型系统)。

13.1.3 传感器介绍

远程监测系统的最前端为传感器,其是获取监测信息必不可少的关键器件。

工程结构健康监测常用的传感器,可以按工作原理、监测物理量、输出信号等进行分类。

(1)按工作原理,可分为钢弦式、电阻式、电感式、电容式、压阻式、热电耦式、光栅光纤、伺服加速度式、磁致伸缩式、电解质式、气压式、激光等传感器。

(2)按监测物理量,可分为变形、位移、应力(应变)、动力、环境(温度、湿度、雨量、风力风向等)等传感器。

(3)按输出信号,可分为数字量、模拟量、开关等传感器。

进行工程结构健康监测的环境往往比较恶劣,监测周期长,数据准确性及精度要求高,若要实现对工程结构长期、稳定、可靠的监测,所选择的传感器除满足必要的使用功能外,还要满足下列原则:

（1）稳定性。长期监测用传感器必须具备长期稳定性，以保证在使用期限内传感器的量程、精度、线性度等指标不发生变化，避免由于传感器的变化带来安全评估的错误信息。

（2）适用性。传感器的选择应考虑量程、精度等指标，不能比结构测试的要求低，也不必强求高精度，应根据实际情况选择合理的指标，以保证最优的性价比。

（3）耐久性。由于传感器在基坑内的工作环境较为复杂，因此选择的传感器应该具有防雷、防尘、防潮等功能。

（4）先进性。由于工程结构健康监测是长期的工作，因此选择的传感器也应该具有一定的先进性，以保证设备能在长时间内采用的是较为先进的测试手段，并且在测试技术上也应保持一定的先进性。

（5）操作简单性。由于监测传感器用量往往较大，因此要求在复杂环境下安装、布设简单，容易操作，监测技术人员容易学习掌握安装工艺。

（6）可更换性。作为电子产品，监测传感器以及采集设备的寿命肯定难以与长期存在的基坑相适应，既然设备存在损坏的可能性，那么在选择设备以及进行设备安装时应该考虑可更换性。

13.2　路基沉降监测

13.2.1　概述

路基沉降监测一般用在软土地基上的路基，通常分为两个阶段。

第一阶段，填方过程中的安全监控。用于指导填土速率，检验软土地基处理效果，达到优化施工的目的。

第二阶段，填方完成后，运营期间的持续监测。掌握全线软土地基的沉降情况，为安全运营、养护管理决策等提供基础数据。

路基在线监测系统的主要机能及特点如下：

（1）能够实现远程自动化监测，无须人员进行监控。采集方式包括定制触发采集、定时间采集、特殊事件采集和实时采集等。远程自动化采集可以实现远程采集监测，无须人员多次进入现场观察，减少人员高空作业次数。

（2）系统传输方式灵活高效，可根据现场条件，采用有线、无线及有线和无线相结合的方式进行组网传输，以确保数据传输的稳定、可靠。

（3）实现测试数据信息化管理，相关人员可以通过不同权限登录以太网，或者利用手机取得现场结构安全数据及安全评估信息。

（4）通过实时监测得到丰富的数据，结合环境因素（温度、雨量等因素）的影响，综合得出路基沉降的实际变化发展趋势，全面了解道路的安全状况。

（5）当结构出现异常信息时，系统自动进行预报警，并通过声光报警、短信方式将信息及时转达给相关管理人员。

（6）对各个监测项设定警戒值，及时对存在隐患的部位进行预警，准确反映存在问题的部位，以及通过问题，合理地调试修理存在的缺陷。

(7) 每日、每月将翔实数据报告给管理者，并对结构当前状态进行全面评估。

路基沉降监测包括表面沉降监测和内部沉降 (倾斜) 监测，采用的传感器有所不同：

(1) 表面沉降监测。表面沉降监测可采用自动全站仪或静力水准仪。其中，自动全站仪还可对路基的水平位移进行监测。

(2) 内部沉降监测。内部沉降监测一般采用分层式沉降计。如果需要掌握边坡的稳定状况，也可采用倾斜计等进行监测。

13.2.2 自动全站仪

自动全站仪 (也称测量机器人) 是近年发展起来的一种先进的自动化测量设备，在变形监测方面具有很强大的优势。

它是一种能代替人工进行自动搜索、跟踪、辨识和精确照准目标并获取角度、距离、三维坐标以及影像等信息的智能型电子全站仪。它能与制订测量计划、控制测量过程、进行测量数据处理和分析的软件系统相结合，完全可以代替人工完成许多测量任务。其通过实时或定时自动瞄准布测在变形体上的目标棱镜，自动采集监测数据，并通过无线通信的方式将其传输到数据处理中心的系统软件进行分析处理。

自动全站仪的系统架构和监测系统界面分别如图 13-2 和图 13-3 所示。

图 13-2　自动全站仪的系统架构

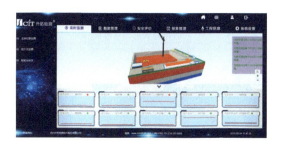
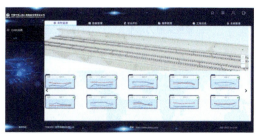

图 13-3　自动全站仪的监测系统界面

13.2.3 静力水准仪

静力水准仪是依据连通管原理制造的一种用于监测结构竖向位移的传感器，又称连通管水准仪 (图 13-4)。其主要用于监测结构、路基路面、地表的竖向位移。在使用过程中，一系列传感器容器使用连通液管连接，其中注入一定量的液体，保证所有容器中的液体可以自由流动,利用连通管的原理,多支通过连通管连接在一起的储液罐的液面总在同一水平面,即保持相同水平高度,但各个容器中的液体深度并不相同,这也就反映了各个容器所在的各个参考点的高度不同。当容器液位发生变化时即被传感器感应,逐个测量不同储液罐的液面高度,经过计算可以得出各个静力水准仪的相对差异沉降。

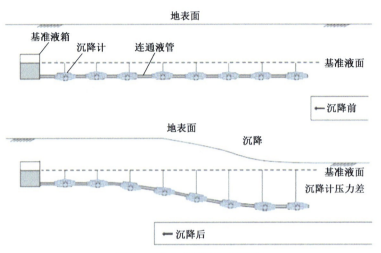

图 13-4 静力水准仪监测原理图

根据采集液面变化方式的不同,静力水准仪又可分为磁致式静力水准仪、压差式静力水准仪、电容式静力水准仪(图 13-5)等。静力水准仪的安装如图 13-6 所示。

图 13-5 静力水准仪

图 13-6 静力水准仪的安装

13.3 智能连续压实控制技术

在填方工程中,材料的选取、压实的质量与结构的耐久性有着密切的关系。当压实不到位,或者不均匀时,很容易造成结构的不均匀沉降,进而造成结构开裂等问题,严重时,还可能造成路基失稳,如图 13-7 所示。

图 13-7 路面开裂及路基失稳

如前所述,在现有的路基填方质量管理中,压实度检测(如挖坑灌砂法)、回弹模量检测是最常用的手段。然而,这类手段都需要在碾压告一段落时进行,且只能选择一定数量的测点,其时效性和代表性都不理想。ICCC 技术是一种新型的智能化施工技术,可以较好地解决上述问题。

ICCC 主要针对路基、机场等填方工程的连续压实施工,通过厘米级的高精度定位设备,可实时远程监控压路机的轨迹、振动频率、碾压速率等参数,自动计算碾压遍数等参数,进而实现对施工过程中漏碾、过碾等情况的及时处理。

ICCC 还可以通过采集碾压轮的振动数据实时计算动态指标[也被称为振动压实值(VCV),典型的 VCV 参数有压实模量值(CEV)、振动轮的 2 阶模态振幅与基阶模态振幅之比(CMV)],再根据该动态指标与土体的物理力学指标(如回弹模量、压实度等)的相关关系,实时推算路基各填筑层的物理力学指标,进一步保证施工质量。

13.3.1 系统架构

ICCC 系统主要由振动监测模块、高精度实时定位(GNSS)模块、数据处理与传输单元和后台监控系统等组成,如图 13-8 所示。

随着 ICCC 系统在公路、铁路等行业应用的不断扩大,各行业也出台了相关规程,如《公路路基填筑工程连续压实控制系统技术条件》(JT/T 1127—2017)、《铁路路基填筑工程连续压实控制技术规程》(Q/CR 9210—2015)等,这些规程对振动传感器、数据采集系统、振动压实值与材料物理力学指标相关关系的标定方法等作了详细的规定。

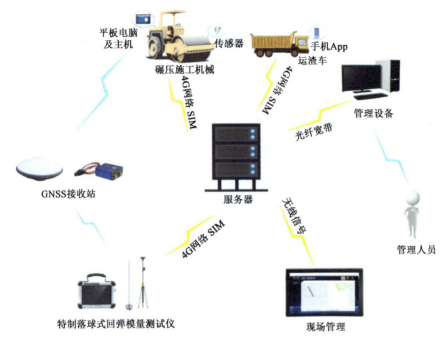

图 13-8 ICCC 系统示意图

13.3.2 系统硬件构成

ICCC 系统的硬件部分主要由高精实时定位模块、振动采集模块、采集终端和标定模块等构成。

1）高精度实时定位模块

由于仅采用 GPS 无法达到 ICCC 所要求的厘米级的定位精度,因此需要采用差分技术加以辅助。常用的差分技术有基站 RTK 技术和千寻网络差分技术。

其中,基站 RTK 技术覆盖面广,在山区也适用,但由于需要用户导入基站,初期费用相对较高。而千寻网络差分技术则采用千寻已有基站,从千寻服务器获取基站数据。该方式无须用户自建基站,初始成本较低,但在偏远山区、荒漠等区域一般不适用,而且使用阶段需要向千寻支付服务费用。

2）振动采集模块

振动采集模块主要包括振动传感器和数据采集模块。为了提高模块的可靠性并降低成本,常采用 MEMS 数字一体式加速度传感器,并采用蓝牙无线方式将数据发送到采集终端,实现设备的轻量化、便捷化。

3）采集终端

采集终端主要用于收集和分析高精度定位模块及振动采集模块数据。其将经纬度坐标转换为平面坐标,并绘制压路机碾压轨迹,计算碾压速度、碾压遍数等参数,同时对振动数据进行分析,计算 CEV 等压实指标。最终通过 4G/5G 网络将原始坐标参数、CEV 参数等上传至服务器,供服务器作进一步的联合分析。

4) CEV 相关性标定系统

当土体种类、级配等发生变化时,各振动压实值与材料压实度、回弹模量等物理力学参数间的相关关系也会随之发生变化。其中,压实模量值与回弹模量的相关关系最好,因此,采用落球等检测设备对压实模量值、回弹模量进行标定更加有效和可靠。

13.3.3 系统软件构成

系统软件包括前端数据采集平台及后端服务器平台。前端数据采集平台(常用平板电脑或手机)负责高精度实时定位模块及振动采集模块的数据采集、存储、显示及将其传送至服务器,而后端服务器平台主要是对数据进行存储,提供查询和决策服务,提高管理效率。系统软件后端服务器平台及 Web 管理平台分别如图 13-9、图 13-10 所示。

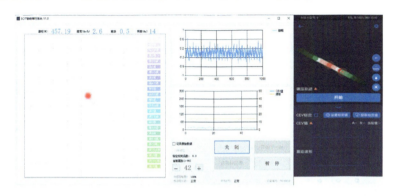

图 13-9　系统软件(平板电脑端及手机端)

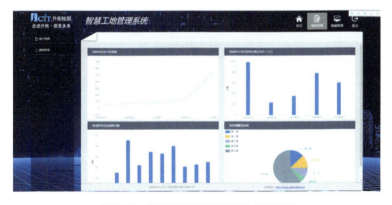

图 13-10　后端服务器平台及 Web 管理平台

13.3.4 应用案例

某高速公路为双向四车道,设计速度为 80km/h。为提高路基的施工质量,该项目某标段采用连续压实控制系统对路基的压实质量进行控制,碾压场景、后端监测及管理系统如图 13-11～图 13-13 所示。

图 13-11　现场碾压场景

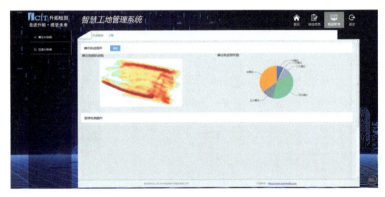

图 13-12　实时远程监测现场碾压过程

图 13-13　后台管理系统

习题

13.1　简述道路远程监测系统的组成。

13.2　简述静力水准仪的监测原理。

13.3　简述智能连续压实控制(ICCC)系统的组成。

本章参考文献

[1] 中华人民共和国交通运输部.公路路基填筑工程连续压实控制系统技术条件:JT/T 1127—2017[S].北京:人民交通出版社股份有限公司,2017.
[2] 中国铁路总公司.铁路路基填筑工程连续压实控制技术规程:Q/CR 9210—2015[S].北京:中国铁道出版社,2015.
[3] 中华人民共和国住房和城乡建设部,国家市场监督管理总局.工程测量规范:GB 50026—2020[S].北京:中国计划出版社,2021.
[4] 李天文.现代测量学[M].2版.北京:科学出版社,2014.
[5] 张冠军.GPS RTK测量技术实用手册[M].北京:人民交通出版社股份有限公司,2014.

第6篇

试 验 篇

"百闻不如一见",作为课程的重要组成部分,试验是对理论教育的延续及升华。为了加深学生对一些较为先进的试验方法的认识和理解,本篇主要介绍几种有代表性的试验,包括落球法检测土质回弹模量试验、路基沉降监测、智能连续压实控制技术、钢质护栏立柱埋深检测试验,以及几种操作试验,包括室内击实试验、路面裂缝检测及评定。

第14章　演　示　试　验

演示试验一　落球法检测土质回弹模量试验

一、试验目的

使学生掌握利用落球法对土质回弹模量进行检测的方法。

二、试验设备及装置

(1) 一块空的场地。
(2) 落球式回弹模量测试仪(SFB-RMT)。

三、试验方案

1. 检测对象准备

平整场地,利用压路机对路基进行碾压。

2. 检测设备准备

落球式回弹模量测试仪(SFB-RMT)。

3. 准备工作

(1) 根据相关资料及规范,确定该场地的检测数量。
(2) 正确连接仪器。
(3) 调试仪器设备,确保运行正常。

四、试验原理

将落球提升至一定高度,落球自动下落,在落球冲击土体过程中,落球加速度变化与土质本身的物理性质密切相关。因此,在这个过程中,将落球在冲击土体过程中的加速度记录下来,通过分析,便可以得到土体的回弹模量。

五、试验步骤

(1)选择测试区域,用红油漆在待检测区域做相关标记。
(2)将落球提升至一定高度。
(3)在仪器设备上点击"采集数据",并释放落球。
(4)待仪器记录下数据后,点击"保存数据",对所检测的数据进行保存。
(5)重复以上步骤,直至完成单个测试区域所有点的检测。
(6)分析得到该区域土体回弹模量。

演示试验二　路基沉降监测

一、试验目的

(1)使学生掌握路基沉降监测系统的评估原则。
(2)使学生了解路基沉降监测系统的构成。
(3)使学生了解路基沉降监测系统的操作,以及理解各个检测指标的意义。

二、试验设备及装置

(1)一块空的场地。
(2)路基沉降监测系统。

三、试验方案

1. 检测对象准备

平整场地。

2. 监测设备准备

路基沉降监测系统。

3. 准备工作

(1)根据测试要求及相关资料,设计传感器安装位置。
(2)正确连接仪器设备。
(3)调试仪器设备,确定运行正常。
(4)打开计算机,准备试验。

四、试验原理

路基沉降监测是利用传感器、物联网等对路基沉降相关数据进行采集,将其发送到服务器端进行计算、展示、评估。

五、试验步骤

(1)打开路基沉降监测系统软件。
(2)建立相关路基段落的信息。
(3)选定路基段落,进行预警系统的参数设定。
(4)进入监测系统界面,通过测试得到路基的相关沉降参数。
(5)进入评估系统界面,对记录的数据进行评估,并得出评估结论。

演示试验三　智能连续压实控制技术

一、试验目的

(1)使学生掌握连续压实控制系统的评估原则。
(2)使学生了解连续压实控制系统的构成。
(3)使学生了解连续压实控制系统的操作,以及理解各个测试指标的意义。
(4)使学生了解施工工艺流程、压实质量检测方法和质量控制目标。

二、试验设备及装置

(1)一块空旷、无遮拦的碾压场地。
(2)连续压实控制系统(SSFS-ICCC)。
(3)落球式回弹模量测试仪(SFB-RMT)。

三、试验方案

1.检测对象准备

空旷、无遮拦的碾压场地。

2.检测设备准备

(1)连续压实控制系统(SSFS-ICCC)。
(2)落球式回弹模量测试仪(SFB-RMT)。

3.准备工作

(1)根据测试要求及相关资料,正确安装硬件部分和软件部分。
(2)正确连接落球式回弹模量测试仪。

四、试验原理

连续压实控制系统主要针对路基路面等高填方工程的连续压实施工,利用厘米级的高精度定位设备,可实时远程监控压路机的轨迹、振动频率、碾压速率等参数,将其通过蓝牙传递到驾驶室内的平板电脑中,系统根据参数自动计算碾压遍数,生成碾压次数热力图。施工过程中可对漏碾、过碾等情况进行实时处理。同时通过采集碾压轮的振动数据,结合压实指标,可连续计算压实情况并绘制云图。

碾压过程信息可以网络为传输媒介实时回传到专用服务器内存储,做到随时随地查看碾压详情,相关人员能在 B/S 客户端查看项目信息、压实度信息等。

结合落球式回弹模量测试仪,将指标同实际的检测参数相统一,可大幅提升压实指标的可靠性。系统还可通过手机 App 对运料车及装载机进行监测。碾压完成后可通过落球检测设备对碾压质量进行快速检测,实现碾压、检测一体化管理。

五、试验步骤

1. 碾压测试

(1)硬件连接。

定位模块连接上 GNSS 天线、GSM 天线,并将 GNSS 天线固定到压路机车顶,定位模块采集天线所在位置,接通电源,待定位模块红色、绿色信号灯由闪烁变为常亮后,标识定位数据,获取固定解,即定位精度达到厘米级。振动模块的安装,通过强磁铁将振动模块固定到压路机振动轮桁架上(减震装置以前),打开电源开关。

(2)打开车载终端连接硬件并开始工作。

在平板电脑上打开相应的软件,输入账号和密码,点击登录,选择需要监测的项目,根据历史数据选择是否续碾。如果选择"是",将继续上一次的碾压施工;如果选择"否",则自动开始新一层的碾压监测。等待软件自动连接振动模块、定位模块,连接状态以及定位设备标号会在软件右下角提示。连接成功后即开始正常监测。打开软件后,先勾选"CEV 标定"选项,然后点击"开始"重复先前过程,正常开始工作。待碾压施工完成,落球检测设备上传相应标定数据后,点击"暂停"按钮,暂停当前工作,点击"获取标定值"按钮获取 CEV 标定结果,完成标定。点击"开始下一层"按钮,开始正常施工。

2. 落球式回弹模量测试仪标定

(1)打开数据采集系统。

(2)数据采集步骤:

①为数据采集新建或者选择一个工程文件夹,设置工程文件夹保存路径后,可选择填写工程信息,点击"确定"按钮进入下一步。

②勾选"CEV 标定"项目,输入账号和密码,登录系统。

③输入数据保存文件名。

④根据现场实际情况进行落球解析设定。

⑤点击零点标定,测试环境的噪声电压进行标定,这一方面是为了检测仪器是否能够正常工作,另一方面可以根据标定结果调整相应参数,降低环境噪声,以消除其对测试结果的不利影响。此时程序中显示的"测定电压"即为标定电压,如果标定电压大于 0.2V,说明环境噪声过大,不建议进行测试工作。

⑥点击采集数据按钮,需要在 10s 内按照"测试方案"的激振方式对受检结构进行激振。测试仪会自动采集信号并将采集到的信号波形显示在软件上。

⑦当用户采集到符合要求的波形后,即可点击保存数据按钮。

⑧当用户对同一构件进行数据连续采集时,可点击连续采集按钮,连续对受检构件进行激振,此时每采集一个数据,系统会进行自动保存,连续采集完成后,点击停止采集按钮,即可终止本次连续采集。如图 14-1 所示。

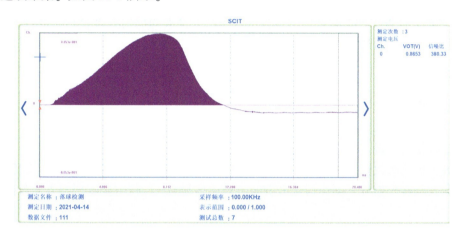

图 14-1　数据连续采集

⑨采集完成后,依次点击批量解析、结果一览、保存结果按钮。

⑩数据解析完成后,点击上传数据,选择当前数据文件上传。

演示试验四　钢质护栏立柱埋深检测试验

一、试验目的

使学生掌握利用立柱埋深检测仪对立柱进行埋深检测的方法。

二、试验设备及装置

(1)数根检测标定和测试用埋入立柱。
(2)立柱埋深检测仪一套。

三、试验方案

1. 检测对象准备

立柱端面应拆除柱帽,除去端面焊渣、锈渍、镀层等浮渣,打磨平整。

2. 检测设备准备

立柱埋深检测仪一套。

3. 准备工作

(1)根据相关资料及规范,确定该场地的检测数量。

(2)正确连接仪器。

(3)调试仪器设备,确保运行正常。

四、试验原理

钢质护栏立柱埋深冲击弹性波测试技术是利用弹性波的反射原理,根据标定所得的弹性波波速(标称波速),通过立柱底部的反射时刻来推算立柱的长度及埋深的无损检测方法。

五、试验步骤

(1)安装激发与接收装置,冲击弹性波法宜采用在立柱侧壁布置传感器,立柱端面激振的方式。

(2)连接仪器设备。

(3)设置检测参数。现场测量立柱柱内长度和柱外露出长度,设置立柱设计长度等参数。

(4)激发与接收信号。操作信号激发装置产生激励信号,利用接收传感器对反射回波进行拾取。

(5)数据分析。分析出标定波速之后,用标定波速解析所测立柱埋置深度。

第 15 章 操作试验

"纸上得来终觉浅,绝知此事要躬行。"为了提高学生的动手试验能力,本章安排了两个典型的操作试验:室内击实试验和路面裂缝检测及评定。

操作试验一 室内击实试验

一、试验简介

在工程建设中,经常遇到填土压实、软弱地基的强夯和换土碾压等问题,需要采用既经济又合理的压实方法,使土变得密实,从而在短期内提高土的强度以达到改善土的工程性质的目的。

室内击实试验适用于细粒土。

该试验分为轻型击实和重型击实。轻型击实采用的是内径 100mm 的试筒,适用于粒径不大于 20mm 的土;重型击实采用的是内径 152mm 的试筒,适用于粒径不大于 40mm 的土。

当土中最大颗粒粒径大于或等于 40mm,并且大于或等于 40mm 颗粒粒径的质量含量大于 5% 时,则应使用大尺寸试筒进行击实试验,或按规定进行最大干密度校正。大尺寸试筒要求其最小尺寸大于土样中最大颗粒粒径的 5 倍以上,并且击实试验的分层厚度应大于土样中最大颗粒粒径的 3 倍以上。单位体积击实功能控制在 $2677.2 \sim 2687.0 \text{kJ/m}^3$ 范围内。

当细粒土中的粗粒土总含量大于 40% 或粒径大于 0.005mm 颗粒的含量大于土总质量的

70%时,还应做粗粒土最大干密度试验,其结果与重型击实试验结果比较,最大干密度取两种试验结果的最大值。

二、试验设备和试验方法类型

1. 试验设备

试验设备主要由击筒、击锤和导杆组成,击实筒示意图详见5.1.1节。

2. 试验方法类型

击实试验方法类型见表15-1。

击实试验方法类型   表15-1

试验方法	类别	锤底直径（cm）	锤质量（kg）	落高（cm）	试筒尺寸			层数	每层击数	击实功（kJ/m³）	最大粒径（mm）
					内径（cm）	高度（cm）	容积（cm³）				
轻型Ⅰ法	Ⅰ-1	5	2.5	30	10	12.7	997	3	27	598.2	20
	Ⅰ-2	5	2.5	30	15.2	12	2177	3	59	598.2	40
重型Ⅱ法	Ⅱ-1	5	4.5	45	10	12.7	997	5	27	2687.0	20
	Ⅱ-2	5	4.5	45	15.2	12	2177	3	98	2677.2	40

三、试验方法

1. 试样制备

击实试验试样制备分干法和湿法两种。对一般土,干法制样和湿法制样所得的试验结果有一定差异,对于具体试验应根据工程性质选择试样制备方法。

(1)干法制样:将代表性土样风干或在低于50℃的温度下烘干,放在橡皮板上用木碾碾散,过筛(筛号视粒径大小而定)拌匀备用。

测定土样风干含水率w_0,按土的塑限估计最佳含水率,并依次按相差约2%的含水率w制备一组试样(不少于5个),其中有2个大于和2个小于最佳含水率,需加水量m_w可按下式计算:

$$m_w = \frac{m_0}{1 + 0.01w_0} \times 0.01(w - w_0) \tag{15-1}$$

式中:m_0——风干含水率对应土样的质量,g。

按确定含水率制备试样。将称好的质量为m_0的土平铺于不吸水的平板上,用喷水设备往土样上均匀喷洒预定m_w的水量拌匀后,静置一段时间,装入塑料袋内静置备用。静置时间对高液限黏土不得少于24h,对低液限黏土不得少于12h。

(2)湿法制样:对天然含水率的土样过筛(筛孔视粒径大小而定),并分别风干到所需的几组不同含水率备用。

2. 试样击实

将击实筒放在坚硬的地面上,取制备好的土样按所选击实方法分3次或5次倒入筒内。每层按规定的击实次数进行击实,每次装土样应使击实后的试样等于或略高于筒高的1/3(分3次)或1/5(分5次),要求击完后余土高度不超过试筒顶面5mm(小筒)或6mm(大筒)。

用修土刀齐筒顶削平试样,将筒和击实试样土称重后用推土器推出筒内试样,测定击实试样的含水率,测算击实后土样的湿密度。依次重复上述过程,完成不同预定含水率的土样的击实操作。

四、结果整理

1. 计算干密度

按下式计算击实后各点的干密度 ρ_d:

$$\rho_d = \frac{\rho}{1 + 0.01w} \tag{15-2}$$

式中:ρ——击实后土的湿密度,g/cm^3,计算精确至0.01;

w——击实后土的含水率,%。

击实试验记录表如表15-2表示。以干密度 ρ_d 为纵坐标,含水率 w 为横坐标,绘制 ρ_d-w 关系曲线,曲线上峰值点的横、纵坐标分别为最佳含水率和最大干密度,如图15-1所示。

击实试验记录表　　　　　　表15-2

施工路段				土样名称				
取样位置				试验依据				
击实类型				击实筒体积(cm^3)		947.4	取样日期:	
试验次数	1		2		3	4		5
筒+湿试样质量(g)	3451		3600		3664	3646		3607
筒质量(g)	1605		1605		1605	1605		1605
湿试样质量(g)	1846		1995		2059	2041		2002
湿密度(g/cm^3)	1.948		2.105		2.173	2.154		2.113
干密度(g/cm^3)	1.73		1.83		1.86	1.82		1.76
盒号	9	1	2	3	8　　5	7	4	6　　10
盒质量(g)	18.10	17.80	18.70	19.00	12.20　19.40	13.70	18.80	18.40　13.60
盒+湿试样质量(g)	72.99	50.96	75.10	66.65	69.01　52.19	72.83	51.33	67.10　68.47
盒+干试样质量(g)	66.89	47.20	67.83	60.29	60.88　47.40	63.68	46.25	58.88　59.36
水分质量(g)	6.10	3.76	7.27	6.36	8.13　4.79	9.15	5.08	8.22　9.11
干试样质量(g)	48.79	29.40	49.13	41.29	48.68　28.00	49.98	27.45	40.48　45.76
含水率(%)	12.5	12.8	14.8	15.4	16.7　17.1	18.3	18.5	20.3　19.9
平均含水率(%)	12.65		15.1		16.9	18.4		20.1
最大干密度:1.86g/cm^3				最佳含水率:16.9%				

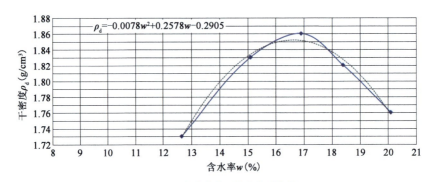

图 15-1　含水率与干密度关系曲线

当试样中有大于 20mm(小筒)或大于 40mm(大筒)颗粒时,应先取出大于 20mm 或 40mm 颗粒,并求得其百分率 P,P 应小于 30%。仅针对小于 20mm 或 40mm 颗粒部分做击实试验,按下列公式分别对试验所得的最大干密度和最佳含水率进行校正。

2. 校正最大干密度

最大干密度按下式校正:

$$\rho'_{d,max} = \frac{1}{\dfrac{1-0.01P}{\rho_{d,max}} + \dfrac{0.01P}{\rho_w G'_s}} \tag{15-3}$$

式中:$\rho'_{d,max}$——校正后的最大干密度,g/cm³,精确至 0.01;

　　$\rho_{d,max}$——用粒径小于 20mm 或 40mm 的土样试验所得的最大干密度,g/cm³;

　　P——试样中粒径大于 20mm 或 40mm 颗粒的百分率,%;

　　G'_s——粒径大于 20mm 或 40mm 颗粒的毛体积比重,精确至 0.01。

3. 校正最佳含水率

最佳含水率按下式校正:

$$w'_0 = w_0(1-0.01P) + 0.01Pw_2 \tag{15-4}$$

式中:w'_0——校正后的最佳含水率,%,精确至 0.01;

　　w_0——用粒径小于 20mm 或 40mm 的土样试验所得的最佳含水率,%;

　　P——试样中粒径大于 20mm 或 40mm 颗粒的百分率,%;

　　w_2——粒径小于 20mm 或 40mm 颗粒的吸水量,%。

操作试验二　路面裂缝检测及评定

一、试验简介

采用人工法、视频法以及手机拍照裂缝识别法及手机相位反转法测试沥青路面和水泥路面裂缝及其宽度、深度、坑槽、断板等表观损坏,评价路面技术状况。

二、试验设备及装置

1. 人工法

(1)量尺。

①钢卷尺:5m 量程和 50m 量程,分度值为 1mm。

②钢直尺:500mm,分度值为 1mm。

(2)其他:粉笔或油漆、安全标志等。

2. 视频法

车载式路面图像视频损坏检测系统,其基本参数如下:

(1)距离传感器标定误差:<0.1%。

(2)有效测试宽度:不小于一个车道宽度的 70%。

(3)最小裂缝分辨宽度:1mm。

(4)裂缝识别的准确率:≥90%。

3. 手机拍照裂缝识别法及手机相位反转法测裂缝深度

智能手机、手机专用宽度识别标尺、手机专用加速度传感器、敲击锤。

三、试验方案

1. 检测对象准备

保证测试路面干净整洁。

2. 试验方法及步骤

1)人工调查方法

(1)两个测试人员组成一个测试组,沿路肩徒步调查。

(2)量测或收集测试路段的路面长度及宽度。

(3)沿路面仔细观察、量测并在损坏记录表格中填写路面损坏的桩号、位置、类型及尺寸等信息。

2)图像视频测试方法

主要采用视频法自动测试路面裂缝类损坏,运用人工交互的方式处理其他路面损坏。

(1)准备工作。

①启动设备,调整摄像系统及光源的相应参数,使拍摄的路况图像清晰。

②确定测试路段,要求无积水、无冰雪、无污染。

(2)测试步骤。

①使测试车辆位于测试区间起点前一定距离处,以保证到达测试区域时能够达到测试要求的稳定车速,启动测试设备并将其调整至工作状态。

②设定测试系统参数,输入线路名称、起点桩号、测试车道等信息。

③测试时应分车道测试,保持测试车中心线与车道中心线重合,测试系统自动记录被测试车道的路面损坏状况。

3)手机拍照裂缝识别法

使用智能手机对测试对象表面裂缝进行拍照并识别,通过将裂缝同标尺的像素值进行对比分析可以计算出裂缝宽度。

(1)准备工作。

①对被拍摄对象表面进行清理,保持表面干净整洁。

②打开手机拍照裂缝识别软件,保证摄像头无脏污,拍摄清晰。

③在裂缝附近放置专用标尺。

(2)测试步骤。

①将手机对准拍摄对象进行拍照,保证标尺同裂缝拍摄完整。

②使用拍照裂缝识别软件分析处理图像数据。

(3)数据处理。

手机拍照裂缝识别软件的数据处理步骤如下:

①图像识别算法参数调整及裂缝轮廓描绘。

②拍摄角度校正。

③擦除非裂缝的干扰图形。

④计算裂缝宽度并截图保存。

⑤记录裂缝相关参数:长度、宽度等。

4)手机相位反转法测裂缝深度

手机外接加速度传感器,应用相位反转法对裂缝深度进行检测。

(1)准备工作。

①对被检测对象表面进行清理,保持表面干净整洁。

②裂缝两侧描画测线测点。

③手机连接传感器,并进行试采集。

(2)测试步骤。

①打开手机裂缝深度测试软件,并设定文件名称等参数。

②敲击锤、传感器对称分布在裂缝两侧并沿测点逐点进行敲击采集。

(3)数据处理。

手机相位反转法测裂缝深度的数据处理步骤如下:

①从数据中找出相位发生反转的前后两点。

②设置测点间距及起始点位。

③软件自动计算裂缝深度。

④记录并保存相关数据结果。

测试沥青路面损坏时,计算测试路段的裂缝总长度、其他路面损坏的总面积,根据需要可计算破损率、裂缝率等指标。

测试水泥混凝土路面损坏时,计算测试路段损坏长度或面积,根据需要可计算破损率、断板率等指标。

四、报告

本试验报告应包括以下内容：
(1)测试路段信息(桩号等)。
(2)路面损坏类型、长度、面积等。
(3)破损率、裂缝率、断板率等。
(4)裂缝宽度、长度,开口裂缝深度等。

附录 A 压实度评定

A.0.1 路基和路面基层、底基层的压实度应以重型击实标准为准。沥青层压实度应以《公路沥青路面施工技术规范》(JTG F40—2004)的规定为准。对于特殊干旱、潮湿地区或过湿土,可以《公路路基设计规范》(JTG D30—2015)、《公路路基施工技术规范》(JTG/T 3610—2019)规定的压实度标准进行评定。

A.0.2 标准密度应做平行试验,求其平均值作为现场检验的标准值。对于均匀性差的路基土质和路面结构层材料,应根据实际情况增补标准密度试验,求得相应的标准值。

A.0.3 路基、路面压实度应以1~3km长的路段为检验评定单元,按A.0.1相应标准规范各有关章节要求的检测频率进行现场压实度抽样检查,求算每一测点的压实度K。细粒土现场压实度检查可采用灌砂法或环刀法;粗粒土及路面结构层压实度检查可采用灌砂法、水袋法或钻孔取样蜡封法。应用核子密度仪时,应经对比试验检验,确认其可靠性。检验评定段的压实度代表值K(算术平均值的下置信界限)为

$$K = \overline{K} - \frac{St_\alpha}{\sqrt{n}} \geq K_0 \tag{A-1}$$

式中:$\overline{K}$——检验评定段内各测点压实度的平均值。

t_α——t分布表中随测点数和保证率(或置信度α)而变的系数,相应的$t_\alpha/\sqrt{n}$取值见表A-1。采用的保证率,对于高速公路、一级公路,基层、底基层为99%,路基、路面面层为95%;对于其他公路,基层、底基层为95%,路基、路面面层为90%。

S——检测值的标准差。

n——检测点数。

K_0——压实度标准值。

路基、基层和底基层:当$K \geq K_0$,且单点压实度K_i全部大于或等于规定值减2%时,评定路

段的压实度合格率为100%;当$K \geq K_0$,且单点压实度K_i全部大于或等于规定极值时,按测定值不低于规定值减2%的测点数计算合格率。

$t_\alpha/\sqrt{n}$值 表A-1

n	保证率			n	保证率		
	99%	95%	90%		99%	95%	90%
2	22.501	4.465	2.176	21	0.552	0.376	0.289
3	4.021	1.686	1.089	22	0.537	0.367	0.282
4	2.270	1.177	0.819	23	0.523	0.358	0.275
5	1.676	0.953	0.686	24	0.510	0.350	0.269
6	1.374	0.823	0.603	25	0.498	0.342	0.264
7	1.188	0.734	0.544	26	0.487	0.335	0.258
8	1.060	0.670	0.500	27	0.477	0.328	0.253
9	0.966	0.620	0.466	28	0.467	0.322	0.248
10	0.892	0.580	0.437	29	0.458	0.316	0.244
11	0.833	0.546	0.414	30	0.449	0.310	0.239
12	0.785	0.518	0.393	40	0.383	0.266	0.206
13	0.744	0.494	0.376	50	0.340	0.237	0.184
14	0.708	0.473	0.361	60	0.308	0.216	0.167
15	0.678	0.455	0.347	70	0.285	0.199	0.155
16	0.651	0.438	0.335	80	0.266	0.186	0.145
17	0.626	0.423	0.324	90	0.249	0.175	0.136
18	0.605	0.410	0.314	100	0.236	0.166	0.129
19	0.586	0.398	0.305	>100	$\dfrac{2.3265}{\sqrt{n}}$	$\dfrac{1.6449}{\sqrt{n}}$	$\dfrac{1.2815}{\sqrt{n}}$
20	0.568	0.387	0.297				

当$K < K_0$或某一单点压实度K_i小于规定极值时,该评定路段的压实度为不合格,相应的分项工程评为不合格。

路基施工段落短时,分层压实度应全部符合要求,且样本数不少于6个。

沥青面层:当$K \geq K_0$,且全部测点大于或等于规定值减1%时,评定路段的压实度为100%;当$K \geq K_0$时,按测定值不低于规定值减1%的测点数计算合格率。

当$K < K_0$时,评定路段的压实度应为不合格,相应的分项工程评为不合格。

附录 B 水泥混凝土弯拉强度评定

B.0.1 水泥混凝土弯拉强度试验应使用标准小梁法或钻芯劈裂法,试件使用标准方法制作,标准养护时间28d,路面钻芯劈裂时间宜控制在28~56d以内,不掺粉煤灰宜用28d,掺粉煤灰宜用28~56d。

B.0.2 高速公路和一级公路每工作班制作2~4组,日进度小于500m取2组,大于或等于500m取3组,大于或等于1000m取4组。其他公路每工作班制作1~3组,日进度小于500m取1组,大于或等于500m取2组,大于或等于1000m取3组。每组3个试件的平均值作为一个统计数据。

B.0.3 水泥混凝土弯拉强度的合格标准应符合下列规定:

(1)当试件组数多于10组时,平均弯拉强度合格判断式为

$$f_{cs} \geqslant f_r + K_\sigma \sigma \quad (\text{B-1})$$

$$\sigma = C_v \overline{f_c} \quad (\text{B-2})$$

式中:f_{cs}——合格判定平均弯拉强度,MPa;

f_r——设计弯拉强度标准值,MPa;

K_σ——合格判定系数,见表B-1;

σ——弯拉强度统计均方差;

C_v——实测弯拉强度统计变异系数;

$\overline{f_c}$——实测弯拉强度统计平均值,MPa。

合格判定系数　　　　　表 B-1

试件组数 n	11~14	15~19	≥20
合格判定系数 K_σ	0.75	0.70	0.65

(2)当试件组数为 11~19 组时,允许有一组最小弯拉强度小于 $0.85f_r$,但不得小于 $0.80f_r$。当试件组数大于 20 组时,高速公路和一级公路的各组最小弯拉强度均不得小于 $0.85f_r$;其他公路允许有一组最小弯拉强度小于 $0.85f_r$,但不得小于 $0.80f_r$。

(3)试件组数小于或等于 10 组时,试件平均强度不得小于 $1.15f_r$,任一组强度均不得小于 $0.85f_r$。

附录 C 路面结构层厚度评定

C.0.1 评定路段内路面结构层厚度,应按代表值和单个合格值的允许偏差进行。

C.0.2 应按规定频率,采用挖验或钻取芯样的方式测定厚度。

C.0.3 厚度代表值为厚度的算术平均值的下置信界限值,即

$$\overline{X}_L = \overline{X} - t_\alpha \frac{S}{\sqrt{n}} \tag{C-1}$$

式中:$\overline{X}_L$——厚度代表值(算术平均值的下置信界限值);

$\overline{X}$——厚度平均值;

S——厚度标准差;

n——检查数量;

t_α——t 分布表中随测点数和保证率(或置信度 α)而变的系数,相应的 $t_\alpha/\sqrt{n}$ 取值可查表 A-1。

采用的保证率,对于高速公路、一级公路,基层、底基层为 99%,面层为 95%;对于其他公路,基层、底基层为 95%,面层为 90%。

C.0.4 当厚度代表值大于或等于设计厚度减去代表值允许偏差时,则按单个检查值的偏差不超过单点合格值来计算合格率;当厚度代表值小于设计厚度减去代表值允许偏差时,该评定路段厚度不合格,相应的分项工程应评为不合格。

代表值和单点合格值的允许偏差见《公路工程质量检验评定标准 第一册 土建工程》(JTG F80/1—2017)第 7 章各节实测项目表。

C.0.5 沥青面层宜按沥青铺筑层总厚度进行评定,高速公路和一级公路分 2~3 层铺筑时,还应进行上面层厚度检查和评定。

附录 D 路基、粒料类基层和底基层、沥青路面弯沉值评定

D.0.1 弯沉值采用落锤式弯沉仪(FWD)、自动弯沉仪或贝克曼梁测量。每一双车道评定路段(不超过 1km)测量检查点数应符合表 D-1 的规定,多车道公路应按车道数与双车道之比,相应增加测点。

弯沉测点数　　　　　　　　　　表 D-1

检测设备	落锤式弯沉仪(FWD)	自动弯沉仪或贝克曼梁
测点数(点)	40	80

D.0.2 路基、沥青路面弯沉代表值为弯沉测量值的上波动界限,用式(D-1)计算:

$$l_r = (\bar{l} + \beta S) K_1 K_3 \tag{D-1}$$

式中:l_r——弯沉代表值,0.01mm。

　　$\bar{l}$——实测弯沉平均值。

　　S——标准差。

　　β——目标可靠指标,根据表 D-2 确定。

　　K_1——湿度影响系数。路基顶面弯沉测定时,根据当地经验确定;路表弯沉测定时,根据实测弯沉值通过反算得到路基模量值,修正后得到结构模量值,然后得出测试状态下的弯沉湿度修正系数,或根据当地经验确定。

　　K_3——温度影响系数,路基顶面弯沉测定时取 1,路表弯沉测定时按式(D-2)确定。

$$K_3 = e^{[9 \times 10^{-6}(\ln E_0 - 1)h_a + 4 \times 10^{-3}](20-T)} \tag{D-2}$$

　　T——弯沉测定时沥青结合料类材料层中点实测或预估温度,℃;

　　h_a——沥青结合料类材料层厚度,mm;

E_0——平衡湿度状态下路基顶面回弹模量,MPa。

目标可靠指标 β 值 表 D-2

公路等级	高速公路	一级公路	二级公路	三级公路	四级公路
目标可靠度(%)	95	90	85	80	75
目标可靠指标 β	1.65	1.28	1.04	0.84	0.52

D.0.3 粒料类基层和底基层顶面弯沉代表值应按式(D-3)计算:

$$l_r = \bar{l} + Z_\alpha S \tag{D-3}$$

式中:l_r——弯沉代表值,0.01mm;

　　　$\bar{l}$——实测弯沉平均值;

　　　S——标准差;

　　　Z_α——与要求保证率有关的系数,高速公路和一级公路取 $Z_\alpha = 2.0$,二级公路取 $Z_\alpha = 1.645$,二级以下公路取 $Z_\alpha = 1.5$。

D.0.4 二级及以下公路,当路基和粒料类基层、底基层的弯沉代表值不符合要求时,可将超出 $\bar{l} + (2 \sim 3)S$ 的弯沉特异值舍弃,对舍弃的弯沉值大于 $\bar{l} + (2 \sim 3)S$ 的点,应找出其周围界限,进行局部处理,并对弯沉进行复测后重新计算平均值和标准差。高速公路、一级公路不得舍弃特异值。

D.0.5 弯沉代表值大于设计弯沉值时相应分项工程应为不合格。

附录 E　路面横向力系数评定

E.0.1 路段内的路面横向力系数应按 SFC 的设计或验收标准值进行评定。

E.0.2 SFC 代表值为 SFC 算数平均值的下置信界限值,即

$$SFC_r = \overline{SFC} - \frac{t_\alpha}{\sqrt{n}} S \quad (E-1)$$

式中:SFC_r——SFC 代表值;

$\overline{SFC}$——SFC 平均值;

S——标准差;

n——采集数据样本数量;

t_α——t 分布表中随测点数和保证率(或置信度 α)而变的系数,相应的 $t_\alpha\sqrt{n}$ 取值可查表 A-1。

采用的保证率:高速公路、一级公路为 95%;其他公路为 90%。

E.0.3 当 SFC 代表值不小于设计或验收标准值时,应以所有单个 SFC 值统计合格率;当 SFC 代表值小于设计或验收标准值时,该路段应为不合格。

习题参考答案

第1章 绪论

1.1 答:公路工程试验检测工作是设计参数确定、施工质量控制、工程质量验收评定、养护管理决策的重要环节,涉及面广。通过试验检测,能够最大限度地"就地取材",降低施工成本,提高施工效率,保证施工质量,并能使新材料、新工艺、新技术在实际工程中快速推广应用。因此,公路工程试验检测工作对降低工程造价、加快工程进度、提高工程质量、推动公路工程施工技术进步具有重要作用。其融合了试验检测基本理论和测试操作技能及公路工程相关学科基础知识,是各种技术规范及规程修订的主要依据。

1.2 答:(1)采用学术研究手段进行的试验检测。

(2)依据设计参数进行的试验检测。

(3)以工程质量控制检查或质量保证为目的进行的试验检测。

(4)竣工验收评定时的进行试验检测。

(5)为积累技术资料进行的养护管理或后评估试验检测。

(6)工程质量事故调查分析时进行的试验检测。

1.3 答:(1)技术标准、规定要求、检测操作规程等。

(2)抽样方法及样本大小。

(3)检测项目、被测参数大小及允许变化范围。

(4)检测仪器设备的名称、型号、量程、准确度、分辨率。

(5)检测人员组成和检测系统框图。

(6)对检测仪器的检查标定项目和结果。

(7)对检测仪器和样品或试件的基本要求。

(8)对环境条件等的要求,以及从保证计量检测结果可靠度出发所允许的变化范围的规定。

(9)在检测过程中发生异常现象的处理办法。

(10)在检测过程中发生意外事故的处理办法。

(11)检测结果计算整理分析方法。

1.4 答:(1)处理检测数据时,应按照相关要求对检测数据有效位数进行确定以及对检测数据异常值进行判定;区分可剔除异常值和不可剔除异常值;整理后的数据应填入原始记录表的相应位置。

(2)同一参数,检测数据个数小于或等于3时,用算术平均值法;检测数据个数多于3时,建议采用数理统计方法求算代表值。

(3)测试数据异常值的判断:对于每一单元内检测结果中的异常值,一般用格拉布斯法处理;各试验室平均值中的异常值用狄克逊检验法处理。

(4)对比检测是用三台与原检测仪器准确度相同的仪器对检测项目进行重复性试验。若检测结果与原检测数据相符,则证明此异常值是由产品性能波动造成的;否则,证明此异常值是由仪器造成的,可以剔除。

1.5 答:(1)以无线通信技术为手段的数据采集系统,适用于交通荷载、风荷载及定点测试荷载,能更方便、快速、准确地采集需要的数据。

(2)自动损伤识别系统,将测量系统、数据处理系统和识别系统集成于路桥检测系统中,具备自动识别检测和反馈功能,达到控制的目的。

(3)实时的检测系统与现代网络技术结合,实现信息网络共享。

(4)从设计到施工和运营阶段建立可靠、完整的数据库,积累大量土木工程领域的安全检测和试验检测的知识与经验,最终建立管理系统。

1.6 答:(1)路面检测自动化;(2)预防性养护的常态化;(3)养护施工设备的一体化;(4)养护材料的节能环保化;(5)路面结构材料的新型化;(6)养护施工社会化。

第2章 试验检测数据分析与处理

2.1 答:抽样检验是从一批产品中抽出少量的单个产品进行检验,从而推断该批产品质量状况。抽样方法分为简单随机抽样、散料抽样。

2.2 答:肖维纳特法、拉依达法、格拉布斯法。肖维纳特法的测试结果符合正态分布,相关系数需查表。拉依达法不适用于测试次数小于10次的情况,是判别粗大误差最简单的方法。用格拉布斯法对可疑数据进行处理时,单次只能舍弃一个可疑值。若出现多个可疑值,应从两端开始,舍弃首个可疑值后,再进行异常值的判定。

2.3 答:读数的有效数字有3个。该测点弯沉值有3个有效数字。

2.4 答:试验数据按照从小到大的顺序排列如下:0.306、0.424、0.447、0.498、0.702、0.792、0.804、0.815、0.894、0.968、1.075。

计算统计特征量:

$$\overline{y_j} = 0.702 \text{MPa}, \quad S = 0.2487 \text{MPa}$$

计算统计量:

$$g(1) = \frac{\overline{y_j} - y_1}{S} = \frac{0.702 - 0.306}{0.2487} = 1.59$$

$$g(11) = \frac{y_{11} - \overline{y_j}}{S} = \frac{1.075 - 0.702}{0.2487} = 1.50$$

选定显著水平 $b = 0.05$,并根据 $n = 11$,查表得 $g_0(0.05, 11) = 2.24$。

判别 $g(1) < g_0(0.05, 11), g(11) < g_0(0.05, 11)$,故上述试验数据均不能舍弃。

第3章 公路工程质量评定方法与检查项目

3.1 答:公路工程质量检验评定应按分项工程、分部工程、单位工程逐级进行。

3.2 答：

项次	检查项目		规定值或允许偏差		检查方法和频率
			高速公路和一级公路	其他公路	
1△	压实		孔隙率满足设计要求		密度法：每200m每压实层测1处
			沉降差≤试验路确定的沉降差		精密水准仪：每50m测1个断面，每个断面测5点
2△	弯沉(0.01mm)		不大于设计值		按《评定标准》附录J检查
3	纵断高程(mm)		+10，−20	+10，−30	水准仪：中线位置每200m测2点
4	中线偏位(mm)		≤50	≤100	全站仪：每200m测2点，弯道加HY、YH两点
5	宽度(mm)		满足设计要求		尺量：每200m测4点
6	平整度(mm)		≤20	≤30	3m直尺：每200m测2处×5尺
7	横坡(%)		±0.3	±0.5	水准仪：每200m测2个断面
8	边坡	坡度	满足设计要求		尺量：每200m测4点
		平顺度	满足设计要求		

第4章 材料物理试验

4.1 答： 含水率、密度、比重、透水性、孔隙率等。

4.2 答： 烘干法、酒精燃烧法。

4.3 答： 根据液性指数 I_L 判断。当 $I_L=1$ 时，土处于液限状态；当 $I_L=0$ 时，土处于塑限状态。

4.4 答： 密度、级配、透水性、孔隙率、针片状颗粒含量等。

4.5 答： 规准仪法、游标卡尺法。

4.6 答： 干筛法是指水泥混凝土用砂进行筛分，而水筛法是指沥青混合料用砂进行筛分。

4.7 答： 细度、比表面积、强度、安定性、凝结时间等。

4.8 答： 安定性是反映水泥浆在硬化后因体积膨胀不均匀而变形的情况的指标，是保证混凝土工程质量的必要条件。试验方法包括雷氏夹法和代用法。

第5章 材料力学性能试验

5.1 答： 在工程建设中，经常遇到填土压实、软弱地基的强夯和换土碾压等问题，需要采用既经济又合理的压实方法，使土变得密实，从而在短期内提高土的强度以达到改善土的工程性质的目的。

5.2 答： 击实试验的原理是采用人工或机械对土施加夯压能量（如打夯、碾压、振动碾压等方式），使土颗粒重新排列紧密，其中粗粒土因颗粒的紧密排列，颗粒表面摩擦力和颗粒之间嵌挤形成的咬合力得到增强，细粒土则因为颗粒间的靠紧，颗粒间的分子引力得到增强，从而使土在短时间内得到新的结构强度。

5.3 答： 室内击实试验方法适用于细粒土。试样中细粒组质量大于或等于总质量50%的土称为细粒土类。

5.4 答:轻型击实是指使用内径100mm的试筒,适用于粒径不大于20mm的土;重型击实是指使用内径152mm的试筒,适用于粒径不大于40mm的土。

5.5 答:将代表性土样风干或在低于50℃的温度下烘干,放在橡皮板上用木碾碾散,过筛(筛号视粒径大小而定)拌匀备用。

5.6 答:(1)击实曲线有一个峰值点,这说明在一定击实功作用下,只有当土的含水率为某一定值(称为最佳含水率)时,土才能被击实至最大干密度。当土含水率小于或大于最佳含水率时,所得的干密度都小于最大值。

(2)当土含水率偏小,含水率的变动对干密度的影响要比含水率偏大时的影响更为明显。

5.7 答:①含水率:严格控制最佳含水率是至关重要的。

②击实功:对同一种土用不同的击实功进行击实试验的结果表明,击实功越大,土的最大干密度也越大。

③不同压实机械:不同的压实机械的压实效果各不相同,作用于不同土类时,其效果也不同。

④土粒级配:只有级配良好的材料才能达到相关的密实度要求。

5.8 答:强度是混凝土主要的力学性质之一,工程实践中主要关注的有抗压强度和抗折强度。

5.9 答:我国现行规范将混凝土立方体抗压强度等级设定为14个:C15、C20、C25、C30、C35、C40、C45、C50、C55、C60、C65、C70、C75、C80。

5.10 答:粗集料的最大粒径对混凝土抗压强度和抗折强度均有影响。随着粗集料最大粒径的增加,一方面单位用水量相应减少,在固定的用水量和水灰(胶)比条件下,可获得较好的工作性,或因减小水灰(胶)比而提高混凝土的强度和耐久性;另一方面集料与水泥浆接触的总面积将会减小,使界面强度降低,振捣密实程度的降低还会影响混凝土强度的形成。

5.11 答:混凝土中水泥浆的体积和集料体积之比称为浆集比。

第6章 压实度检测技术

6.1 答:灌砂筒的规格包括直径为100mm、150mm、200mm、250mm及以上的灌砂筒。

6.2 答:挖坑灌砂法适用于在现场测定基层(或底基层)、砂石路面及路基土的各种材料压实层的密度和压实度,但不适用于填石路堤等有大孔洞或大孔隙的路基层压实度检测。

6.3 答:压实度是筑路材料压实后干密度与标准最大干密度之比。基层干密度检测目前常用的方法有挖坑灌砂法、钻芯法、无核密度仪法、压实沉降差法等。

挖坑灌砂法测定路面压实度的基本原理:在压实层挖取出相应材料,烘干,获得挖出材料的干质量;将密度确定的砂灌入取出材料的坑中,以置换坑的体积,从而得到压实材料的干密度,进而计算出相应的压实度。挖坑灌砂法适用于在现场测定基层(或底基层)、砂石路面及路基土的各种材料压实层的密度和压实度,但不适用于填石路堤等有大孔洞或大孔隙的路基层压实度检测。

钻芯法检测技术适用于测试从压实的沥青路面上钻取沥青混合料芯样的密度,通过测定混合料试样的毛体积密度与标准密度之比来计算压实度。

无核密度仪包括两种,一种为土壤无核密度仪,另一种为沥青无核密度仪,分别针对不同材质进行检测。两种无核密度仪的检测原理基本相同,都是利用发射的电磁波在材料中的能量吸收和损耗来检测材料的密度。

在实际填石路堤填筑施工中,填筑体经压实后的强度达到一定值后,在荷载达到标准量的情况下,填石路堤的沉降变化量就会小于某个数值。当压实层的沉降量达到稳定,填石路堤就达到了密实的状态,因此,可将压实前后的沉降差值作为控制指标。压实沉降差检测技术适用于通过测量土石路堤或填石路堤碾压过程中的沉降变化量,结合施工工艺参数,测试土石路堤或填石路堤的压实程度。

6.4 答:根据6.3.2节公式计算,代表值 K' 为 94.55 ± 0.08。

第7章 路基路面力学性能检测技术

7.1 答:承载板法属于静态回弹模量测试方法。该方法在现场土基表面,通过刚性承载板对土基逐级加载卸载的方式,测出每级荷载下相应的土基回弹变形,再根据弹性半空间体理论计算土基的回弹模量。属于静态荷载下测试数据。

7.2 答:落球仪法基于赫兹(Hertz)接触理论,通过自由下落球体与路基、路床材料间的碰撞过程,根据接触时间等响应参数,推算材料的力学特性(回弹模量)。

7.3 答:测试速度快,测试设备便捷易操作,测试结果更客观,受外因影响小。

7.4 答:土基现场 CBR、承载板法、贝克曼梁法、落球仪法、落锤式弯沉仪法、自动弯沉仪法、激光式路面弯沉仪法。

7.5 答:贝克曼梁法属于静态回弹弯沉,自动弯沉仪属于静态总弯沉,这两种方法测试速度慢。落锤式弯沉仪和激光式路面弯沉仪属于动态弯沉,落锤式弯沉仪需要停车测试,测试速度较快;激光式路面弯沉仪可实现不停车连续快速测试,测试速度很快。

7.6 答:泊松比是指材料在单向受拉或受压时,横向正应变与轴向正应变的绝对值的比值,也叫横向变形系数,它是反映材料横向变形的弹性常数。

第8章 路面性能检测技术

8.1 答:普通混凝土强度等级共划分为14个等级,即 C15、C20、C25、C30、C35、C40、C45、C50、C55、C60、C65、C70、C75、C80。

8.2 答:回弹法和钻芯法。

8.3 答:①劈裂试验芯样直径为150mm,抗压试验芯样直径为150mm或100mm,芯样试件高度与直径之比应为1。②芯样试件内不得含有钢筋或钢纤维。③锯切后的芯样应使用打磨机进行端面处理,并保证芯样试件的实际高径比在 $0.95 \sim 1.05$ 之间,芯样试件端面与轴线的不垂直度小于 $1°$,不平整度在每100mm长度内不超过0.1mm。④钻孔采取芯样的直径不宜小于最大集料粒径的3倍。

8.4 答:主要参数有横向力系数(SFC)或摆式仪的摆值(BPN)。

常见的检测方法:车载式激光构造深度仪测试技术、摆式仪测试技术、单轮式横向系数测试技术。

第9章 安全护栏工程检测

9.1 答:拔桩法、冲击弹性波法。

9.2 答:附着性能分为 0~5 共计 6 个等级,其中 0 级为最好,5 级为最差,依次排序。

9.3 答:横向偏位按实际测量取值,结果允许与设计值偏差 ±20mm 或满足设计要求。

9.4 答:每 1km 每侧测 5 处。

9.5 答:垂线和直尺。

第 10 章　道路标志标线检测

10.1 答:垂线法、测量法、声波法、逆反射法。

10.2 答:《公路工程质量检验评定标准　第一册　土建工程》(JTG F80/1—2017)、《道路预成形标线带》(GB/T 24717—2009)、《新划路面标线初始逆反射亮度系数及测试方法》(GB/T 21383—2008)、《道路交通标志和标线》(GB 5768)、《逆反射体光度性能测试方法》(JT/T 690—2007)等。

10.3 答:标志面反光膜逆反射系数,标志板下缘至路面净空高度,柱式标志板、悬臂式和门架式标志立柱的内边缘距土路肩边缘线距离,立柱竖直度。

第 11 章　信息化技术概述

11.1 答:(1)提升管理效率;
(2)控制试验检测成本;
(3)提升工程质量。

11.2 答:信息化管理是指通过对现代信息技术和信息资源的有效利用、合理规划以及控制,从而实现其对社会活动的积极促进作用。

第 12 章　试验检测数据信息化

12.1 答:传统试验室数据管理的弊端是要占用大量的人力资源,易出现人为计算错误,查询过程烦琐,统计分析难以实现。同时由于一些部门的监管人员专业技能和职业素养参差不齐,在试验检测过程中不能完全履行检测职责。无法高效率地控制和保证公路工程建设质量。

12.2 答:JSON、XML、YAML。

第 13 章　远程监测系统

13.1 答:远程监测系统通常由数据感知系统(传感器)、数据采集传输系统、数据中心与管理平台组成。

13.2 答:在使用过程中,一系列传感器容器使用连通液管连接,其中注入一定量的液体,保证所有容器中的液体可以自由流动,利用连通管的原理,多支通过连通管连接在一起的储液罐的液面总在同一水平面,即保持相同水平高度,但各个容器中的液体深度并不相同,这也就反映了各个容器所在的各个参考点的高度不同。当容器液位发生变化时即被传感器感应,逐个测量不同储液罐的液面高度,经过计算可以得出各个静力水准仪的相对差异沉降。

13.3 答:ICCC 系统主要由振动监测模块、高精度实时定位(GNSS)模块、数据处理与传输单元和后台监控系统等组成。